牛津妈妈面对面

妙用书信沟通法，收获顺畅的亲子关系，
轻松激发孩子的内驱力

赵妙方———— 著

Love
Appreciate
Respect

华夏出版社
HUAXIA PUBLISHING HOUSE

图书在版编目（CIP）数据

牛津妈妈面对面 / 赵妙方著. -- 北京：华夏出版社有限公司, 2022.5（2024.6重印）

ISBN 978-7-5222-0225-9

Ⅰ.①牛… Ⅱ.①赵… Ⅲ.①家庭教育－通俗读物 Ⅳ.①G78-49

中国版本图书馆CIP数据核字(2021)第238482号

牛津妈妈面对面

作　　者	赵妙方	
责任编辑	陈　迪	
出版发行	华夏出版社有限公司	
经　　销	新华书店	
印　　刷	北京汇林印务有限公司	
装　　订	北京汇林印务有限公司	
版　　次	2022 年 5 月北京第 1 版　2024 年 6 月北京第 4 次印刷	
开　　本	880×1230　1/32 开	
印　　张	6.5	
字　　数	180 千字	
定　　价	59.00 元	

华夏出版社有限公司
网址:www.hxph.com.cn 地址：北京市东直门外香河园北里4号 邮编：100028
若发现本版图书有印装质量问题，请与我社营销中心联系调换。电话：（010）64663331（转）

致 圆

你，出生于人间最美四月天；
你，是天使、是精灵、是无价之宝；
嫩芽初萌、花蕾刚露、春意盎然，
这是春，是绿，是万物生长的季节。
你的小脚，踏上了这片生机蓬勃的土地；
你的小手，攀着了爸爸挺拔的身躯；
你的小脸，锁住了妈妈爱的视线。
四季变换，岁月流转；
昔日的小宝宝，今日的大姑娘。
你的笑容，如四月的阳光，温暖耀眼；
你的声音，如四月的雨滴，响亮坚定；
你的性格，如你演奏的提琴曲，温婉灵动；
你的文字，如你弹奏的钢琴曲，铿锵有力。
是圆，是四月十五的圆；
是十五岁的圆圆。

—— 二〇一七年致十五岁的圆圆

妈妈的话

　　我一直认为，作为一个普通人，把自己的孩子教育好就是对这个社会最大的贡献。我一直秉承这样的理念去要求自己，尽自己的能力把唯一的孩子教育好，不给社会增加负担。

　　我自女儿圆圆出生就开始记录她人生发生过的每一件事情、参与过的每一个场景、经历的每个第一次，教会她独立生活的能力，尊重她的每一个选择，以爱她、欣赏她、尊重她为出发点，更多地使用文字的沟通方式，鼓励、赞赏、指引及期许她能成为更好的自己。

　　我们一直在三线小城市生活。我在孩子成长的过程中从没离开职场，对女儿圆圆的教育一直奉行的是国家现行的"双减政策"，从没参加过学校外的学科类培训。我们一直引导及要求她自己的事情自己负责，她的学习及作业独立自主完成。在家庭的教育中，我们一直都是以赏识她、相信她、鼓励她为主，用爱与赏识滋润她的心灵，增强她对学习及生活的自信心，相信她是一个最优秀的孩子，鼓励她去探索自己喜欢的领域，追求她心目中的成功。

在她小学阶段，我最关注的是培养她良好的习惯，而初中阶段则是她寻找兴趣方向的开始，初二、初三参加的青少年环保科技创新大赛开启了她的科学梦。中考时，她以全市成绩前三进入了当地的第一中学并获得了学校的特等奖学金。高中时，她延续着对科学的兴趣，并在一开始就决定了要学习材料科学。在后来和她聊天的时候，我偶然问她为什么会选择材料科学。她说这是持续的好奇、偶然的发现。因为她喜欢写字，所以也特别喜欢买各种本子，但对纸质的不同一直都感到好奇。她偶然读到了材料科学的科普书籍才发现，这是材料科学的研究范畴，于是对此的兴趣一发不可收。为了以后在大学能学习自己热爱的专业，高中阶段她把学习重心放在了数理化。为了更多地接触到材料科学这个专业，她参加了与材料相关的公益性技术项目，参与大学开设的夏校来开阔眼界。

2020 年，她申请了 5 所英国的大学，分别是利兹大学、曼彻斯特大学、圣安德鲁斯大学、帝国理工大学及牛津大学，专业都是材料科学。最后，她被 5 所大学录取，其中牛津大学是材料科学专业本硕连读。牛津大学的材料科学专业每年在全球的录取人数不超过 40 人，2020 年在中国大陆只录取了7 人。

在现今社会，我们与知识之间只是一部手机的距离，很多教育的大道理我们打开网页随时都能获取及学习。非常感谢身边家长们的支持与鼓励，大家觉得我是现今最普通的职场家长的模样，左手要抱娃，右手要工作，如何在驰骋职场的同时还能把孩子教育好？他们希望我能把平时对孩子的教育、陪伴孩子成长的点滴整理出来与更多的家长们分享，以安抚职场父母那颗焦躁的心，还可以给大家一些日常操作的参考。所以，在本书中没有讲过多的大道理，只是用最真实、可操作的方式与你分享在孩子成长的每个阶段我们都做了些什么。

陪伴孩子成长的感悟：
对孩子爱与尊重，我只需要控制好自己。

致刘😊先生，赵娜方女士。

　　感谢对你们在二十年前携手步入婚姻殿堂，同舟
共济，让我平安降生和成长。感谢你们一路以来抓住
所有机遇，为我规划又不让我失去主见。感谢你们教
会了我生活和做人，让我能做一个成熟稳重独立阳光
的人，一个以同龄青年大多作多的人（骄傲）

　　要把所有一切的一切称之为幸运。
　　也把一切的一切归功于我们仨心强大。
　　对于远航我毫不畏惧，因为我有坚实的同盟
善解人意的港湾，我想，父母想听到的，不仅仅是
"我爱你"，还有女儿对你们的肯定，你们是全世界
最好的爸妈，谁都是第一次当父母当儿女，你们很成
功，我想，我也不赖。

Love ya.
刘😊
2020. 8. 28

孩子的话

孩子去英国牛津大学读书前给父母写的信

致刘先生、赵女士:

　　感谢你们在二十年前携手步入婚姻殿堂,同舟共济,让我平安降生和成长,感谢你们一路以来抓住所有机遇,为我规划又不让我失去主见,感谢你们教会了我生活和做人,让我能做一个成熟、温柔、独立、阳光的人,一个比同龄青年大气许多的人。

　　要把所有一切的一切称之为幸运,

　　也把一切的一切归功于我们仨的强大。

　　对于远航我毫不畏惧,因为我有坚实的后盾,善解人意的港湾,我想,父母想听到的不仅仅是"我爱你",还有女儿对你们的肯定,你们是全世界最好的爸妈,谁都是第一次当父母当儿女,你们很成功,我想我也不赖!

　　Love you !

刘圆圆

2020 年 8 月 28 日

目录 Contents

RECOMMENDATION 1
推荐序 1 ————

解锁亲子沟通密码　助力孩子健康成长

　　我与赵妙方女士素未谋面，只听闻她很成功地培育了自己的孩子，这驱动了作为教育研究工作者的我强烈的好奇心：成功的家庭教育密码究竟在哪里？尽管我很清楚，每个孩子的教育都是个性化的，但我又坚信，成功的家庭教育是有着共同特征的。

　　带着疑问和期待，我逐字逐句地阅读完了《牛津妈妈面对面》一书。透过文字，尤其是那一封封珍藏的书信，成功家庭教育的密码自然得以解封——那就是神奇的亲子沟通。从日常沟通到上学沟通，再到成长问题沟通，无不充满着赵女士的教育智慧。日常生活中，妈妈学会对孩子竖起大拇指，不断透过语言来流露出对孩子的喜爱，这是孩子不断成长的动力源泉；上学生活中，妈妈努力激发孩子的自驱力，培养孩子学习好习惯，这是孩子健康成长的加油站；成长路上，妈妈始终不嫌烦，悦纳孩子的青春期，顺利过渡控制权，这成了孩子跨越式成长的助力剂。在如何和孩子进行有效沟通方面，赵女士可谓给大家做出了表率，值得我们学习。

然而，随着时代的发展，信息沟通方式的变革，人与人之间互动和交流的形式也在发生着变革。然而，赵女士作为妈妈，探寻并坚持形成了独特的沟通方式——书面语言。坦白讲，现代社会的人由于效率的驱动，越来越喜欢快捷、简单，什么事情直来直去则好。殊不知，这样看起来简洁的沟通方式，却过滤了亲子沟通之间最宝贵的情感。因此，赵女士的做法，给所有现代的父母们带来了新的启发：文字的魅力和语言的魔力，始终是新时代父母们应该掌握并熟练运用的教育法宝。

我相信，每个孩子都是特别的，但是成功的家庭教育却都一样：注重高效的亲子沟通。此书可以说在围绕亲子沟通，向读者展示了鲜活的案例、细致的操作方法，值得一阅。

是为序！

左璜

2021 年 11 月 28 日

（教育学博士，心理学博士后，华南师范大学教师教育学部德育与教师发展系主任，硕士研究生导师，教育部学生发展核心素养研究专家）

RECOMMENDATION 2

推荐序 2 ——————————

家校共育，携手前行

获悉我校一位家长要写一本关于家庭教育的书，甚是高兴。因为学校是教育部家长培训实践基地学校，一直重视家庭教育工作，明确提出"家长好好学习，孩子天天向上"的家教理念，并落实培训指导。家长能有效实施理念，总结践行经验，对教育无疑是最大的支持和利好。

第一次接触这位家长的情景浮现在我的脑海中。那是2012年的一次年级家长会后，这位家长因为迟到了10分钟，给我写了一封道歉信，深刻检讨了自己，作为家长都不守时，何以能让孩子养成守时的习惯，并承诺会改正，当孩子的好榜样。孩子是家长的影子，有怎样的家长，就有怎样的孩子。我想有这样自律会反省的家长，孩子一定不会差。

果然，她的孩子在学校表现很优秀，成绩一直名列前茅，还多才多艺，既是老师的小帮手，亦是同学们信赖的好班长，既能驰骋于运动场上，又能活跃于文艺舞台上，还积极参加校外的科技比赛，最终孩子能被牛津大学录取，我认为一点也不意外，这是 100% 必然的扎实基础才能换来 1% 的偶然机会。

非常感谢这位家长邀请我为这本书作序。通读了她这本书，我认为对当下的家长开展家校教育很有价值。赵妙方家长是教育的有心人，她已有的成功方法与经验，能很好地总结并无私分享，是一件很有意义的事情。在这本书中没有过多理论和道理，都是最真实的、可操作的方式，她用直白通俗的语言，分享她在陪伴孩子成长各个阶段的做法、遇到问题怎样处理等内容。可以说是一本有方法、易理解、可操作、很实用的家庭教育教科书。

现在不少家长对孩子教育束手无策。家长教育有效果的前提是良好的亲子关系，良好亲子关系的前提是和谐顺畅的亲子沟通。所谓和谐，就是孩子和家长都能表达自己意见，都能听到并理解对方的心声。如何能跟孩子有效顺畅地沟通？是众多家长很头疼的问题，也是教育孩子中的难题。没有沟通，是不可能有和谐关系的。这位家长使用的文字沟通方法非常简单，很接地气，而且对于不少不善于口头表达的家长而言，是非常适合且有效的。如何赏识孩子？如何与孩子沟通？如何处理好亲子关系？书里面有大量与孩子一起写的共同日记，有与孩子进行沟通的书信案例，以及孩子犯错了、青春期、升学季等日常教育中常见的问题，家长们都可以参考及学习。

　　回想过去，很感谢赵妙方家长当初为孩子选择了尚雅学校，让我们有了一起对话的机会。尚雅学校的理念是"方圆合一，崇尚高雅"，目的是教育孩子"方正规矩，规矩方正学会做人；圆中有方，方中有圆学会做事"。巧合及有趣的是，这位家长告诉我，当年看到这校训时感觉就像是心有灵犀，学校的理念与她的想法完全一致。书中写到，她与孩子的共同日记本就叫《方圆蜜语》，因为妈妈的名字是方，孩子的小名是圆，希望孩子以后做人做事都能内方外圆，而父母想借此成为孩子内心最坚实的力量。家长也因为相信学校，所以高度信任及配合学校和老师的工作，因此孩子在学校的表现也越来越出色，就如作者书中说的"我们要相信，老师是唯一一个除了血缘以外的，最关心我们家的孩子成绩是否进步、品格是否优良的人。"只有家庭与学校共同配合，双管齐下，才能更好地让孩子茁壮成长，这样才有利于孩子健康发展！

　　教育的目标是什么？我曾说过：教育，是一群不完美的人，带领着另一群不完美的人，追求完美的过程。因此，教育的目标不是培养只会搞学科竞赛和只懂做题的高分机器人，而是培养孩子健康成长，成为有独立人格的人。成绩不是衡量孩子是否优秀的唯一标准，只要我们的孩子有良好的习惯，有负责任的态度，有接受失败的勇气，有解决问题的能力及面对未来的信心，就是一个优秀的孩子。只要所有教育工作者及家长们与这位家长一样，都秉承着这样的教育理念，何愁我们的教育做不好？

祝贺《牛津妈妈面对面》这本书顺利出版，并将它推荐给家长们，希望广大老师和家长们都能从这本书的实践经历和教育理念中受到启发，有所收获。

雷泽怀

2021 年 11 月 25 日

（江门市新会尚雅学校创始人、总校长，广东省名校长，全国科研兴教杰出人物，教育部全国中小学校长培训实验项目指导教师、广东省教育系统"百千万人才工程"培养对象导师、广东省民办教育优秀校长突出贡献奖、广东省中小学校长培训中心客座教授、广东教育学院基础教育研究中心兼职研究员，一名专注教育的追梦人。）

RECOMMENDATION 3

推荐序 3 ————————

用心，即可成就

认识赵妙方女士，是因为她的女儿圆圆。圆圆是我来珠海后带的第一届牛剑生（对考入牛津大学、剑桥大学的学生的简称），能够与她成为师生，并通过她结识她优秀的父母，是我二十几年教师生涯中最幸福的事之一。

圆圆现在就读于牛津大学。当年，她同时收到五所优秀院校（包括牛津）的 offer——成为学校和家长共同的骄傲。印象最深的是，在好奇心的驱使下，圆圆把"偶然"变成了"必然"。为什么都是纸，有一些手感那么好，有一些又粗糙又渗墨呢？为了搞清楚这个问题，她读了大量的材料学书籍；为了获得更多的理论支持，她选择了学习数理化；为了获得更多的实践数据，她跑到北京做 3D 打印项目；为了了解材料学日新月异的发展，她跑到帝国理工大学参加夏校，和最专业的科学家近距离接触；为了更专业地做研究，她凭借自己强大的学术背景把自己送进了牛津大学材料系本硕连读。

圆圆同学高中已经毕业了，但她的妈妈赵妙方女士始终和我们保持了良好的互动。在她的新书即将付梓之际，圆圆妈妈微信我，给我传来她新书的初稿，并嘱我帮她的新书写序，为他们人生的重要时刻做以见证。我既为这一份信任感到无比荣幸，同时也为这一份托付而略感忐忑。

很久以来，我们对学校教育寄予了太高的期望，而家庭教育的功能以及重要性则被严重低估。可实际上，在一个人的成长过程中，家庭教育和学校教育是同等重要的，甚至某种意义上说，家庭教育比学校教育还重要。父母是孩子的第一任老师，孩子则是父母或者家庭的一面镜子。一个优秀的孩子背后，是一个优秀的家庭，是一对优秀的父母。

读完赵妙方女士《牛津妈妈面对面》这本书，我更坚信自己的这一看法。

这本书，是赵妙方女士（也即圆圆妈妈）多年来养育孩子的感受与经验的记录，更是一个妈妈如何培养出优秀孩子的实践总结。虽然不是每个孩子都能上牛津剑桥一类的名校，但每个家长都由衷希望自己的孩子优秀。从这个意义上来说，我觉得，妈妈（或者父母）们都应该好好读读这本书。

这本书告诉我们，爱和陪伴是最好的教育。我们要给孩子的是没有任何附加条件的爱——仅仅因为她是我们的孩子，而我们是她的父母。赵女士是这样说的，也是这样做的。她给予孩子关注、肯定和鼓励，让孩子在妈妈爱的目光中获得力量；她尊重孩子的选择，告诉孩子"选择比努力重要"；

她允许孩子犯错误，让孩子在尝试中不断成长；她给孩子充足的爱，让孩子知道"父母是永远的后盾"……

爱绝不只是说说而已，陪伴也绝不只是人在一起。现实中，有些父母口上说着"爱孩子"，但行为上却大相径庭。他们不肯把好听的话说给孩子，不肯把耐心和温柔留给孩子，总是假爱之名，总是打着"为孩子好"的旗号，否定、打击孩子，批评、指责孩子。有些父母确实也坐在孩子旁边，却心不在焉，或者刷手机，或者讲电话，丝毫不关注孩子的情绪与感受——这并不是真爱，也不是真陪伴。真正的陪伴要用心、要用情。赵女士对圆圆的爱与陪伴就是用心、用情的陪伴。她会换位思考理解孩子，她会放下家长的权威给孩子道歉，她会把最美好的话讲给孩子听，她会和丈夫互相补台、在对待孩子的问题上始终保持高度的一致……

最让我感动的是她和孩子的文字沟通与交流。不管是"共写日记"，还是一封信、一张小纸条，文字传递的是她对孩子的爱与情意，文字也同时让她感受到孩子的成长与回馈。赵女士无疑是有智慧的妈妈，她也像很多普通的妈妈一样，在养育孩子过程中遇到过很多大同小异的问题，她的圆圆也肯定不是完美小孩儿，也会有这样那样的小问题——但她都凭靠着妈妈的智慧巧妙化解，将孩子引导成为优秀自律的孩子。文字沟通只是她的万千方法之一。

竖大拇指，贴正面肯定的标签，发现优点及时肯定、表扬，多给孩子积极的心理暗示，营造良好和谐的家庭氛围，培养孩子良好的生活、阅读习惯，努力做优秀的自己……圆圆在她的引导和影响下，成长为眼中有光、心中有梦的优秀女孩。我终于知道，圆圆同学的优秀源自她个人良好的习惯与品质，更源自她的原生家庭。赵女士让我感受到了一个好妈妈的力量。她在书中写"家庭教育是激发潜能的源泉"，而我想说"一个好妈妈，是孩子一生的力量源泉。"

我想，赵女士写这本书，既是以家长的身份，同时也是以研究者的身份。她用自己的理念和实际行动培养出了优秀的女儿，有她们的日常记录为证；同时，她又将这些日常的教育行为，和教育理论、教育思想相对应。这是一本集合了丰富教育实践经验与教育学素养的书，就阅读者而言，既具有亲和力、可读性，又具有理论高度和指导意义。

圆圆在校期间，我见证了她的优秀，今天，阅读了这本圆圆妈妈写的书，我才知道这世界上没有无缘无故的优秀，每一个孩子的优秀都是有原因，更是有源头的。

懂教育，会教育，有优秀的教育成果，我想，这是赵女士这本书为很多家庭开的"秘方"。

王艳

2021 年 12 月 10 日

（珠海一中附属实验学校国际部主任，中英双语教学教师，董一菲诗意语文工作室栏目主编，曾获省五一劳动奖章、孔子学院全球"最美汉语教师"等称号。）

PART 1

第一篇

日常沟通篇

CHAPTER 1

第一章 ————

赏识我们的孩子，发自内心地喜爱

　　为什么我会与大家先谈赏识我们的孩子？因为赏识、相信我们的孩子是一切教育的前提。陶行知先生曾经说过：教育孩子的全部秘密在于相信孩子和解放孩子。而相信和解放孩子的前提，就是要赏识孩子。如果孩子出现了问题，我们不应该只看到总是会犯错的孩子，要始终相信孩子的本质是好的，是优秀的，只是在成长过程中因为没有经验，所以会犯一些错误，需要父母及时去提醒及帮助，但在父母心中，他依然是自己最棒的孩子。假如我们不能用正面的眼光看待孩子，不欣赏自己的作品，那么我们对孩子的一切教育都是徒劳的。孩子有缺点不是问题，父母的眼中只看到孩子的缺点才是最大的问题。

每个孩子都有优点，都有值得父母骄傲的地方，关键是父母需要有一双爱及欣赏的眼睛。赏识不仅仅是表扬和鼓励，更是让孩子感到被关注、被肯定、被承认。用一句话来说，就是要看得起自己的孩子。

为什么要赏识我们的孩子？赏识的本质就是爱，学会赏识孩子就是学会爱孩子。人性中最本质的需求就是渴望得到尊重和欣赏。懂得赏识孩子，就是懂得关注孩子的优点和长处，让孩子不断在"我一直是个优秀的孩子"的心态中觉醒。受到赏识和肯定越多的孩子，对自己的期望值就越高，学习就会越努力，相反，受到赏识和肯定越少的孩子，随之产生的自我期望和努力程度就会越低。

不是只有好孩子才需要赏识与尊重，而是因为赏识与尊重会让孩子变得越来越好；也不是坏孩子就不能批评与抱怨，而是因为只有批评与抱怨会让孩子变得越来越坏。孩子得到赏识，感觉到自己是有价值的，才会产生自我完善、不断超越的欲望，想让自己变得越来越好，在这样的前提下，当父母提醒他的不足及错误时，孩子才愿意接纳并纠正，这样才能发挥出父母教育的作用。

所以，哪怕所有人都看不起我们的孩子，我们也要欣赏他，经常拥抱他、赞美他、陪伴他！幸福的人，一生都被童年治愈，而不幸的人，一生都在治愈童年！我们要给自己的孩子创造一个可治愈一生的童年。

一、竖起我的大拇指

我对圆圆的肯定及赞美，最简单有效的方法就是对她竖起我的大拇指，经常发掘她做得好的地方，只要她做得稍有一点点进步，我就会对她竖起大拇指，给予她充分的肯定，让她感觉良好、自信。

大家想一想，在平时与孩子沟通时，你用得最多的是哪个手指？拇指？食指？可能很多时候我们都不自觉地使用了食指来指挥我们的孩子："你怎么还不去做作业？""你怎么还在看电视？""你怎么还在打游戏？"但事实上，用食指只会引起孩子的反感和害怕。我通常会用大拇指："你今天看电视比昨天少了5分钟，真棒！再过2分钟就关电视做作业哦！你真的是个自觉的好孩子！"我们的目的就是为了关电视，只是换个手指及语气就有不同的反应。连我家的小狗糖糖都晓得，我对它竖大拇指它就会开心得摆尾巴，一用食指指着它，它就会躲起来，何况是小孩子。对孩子改用大拇指吧，成本低、易操作，很有效。

二、不断流露对孩子的喜爱

我经常会对着圆圆发自内心地说："宝宝，我爱你。有你这个孩子真好。""圆圆，你是爸爸妈妈的骄傲。我们真的很欣赏你。有你，爸爸妈妈感觉真幸福。""你太棒了！你是怎么能做得这么好的？我们真的需要向你学习……"

请把全世界最美好的语言送给自己的孩子，因为孩子的成长是需要爱与肯定的。如果父母都吝啬我们的爱，试问还有谁会对他说这些美好的语言？谁会付出无私的爱陪伴他成长？其实每一个家长都很爱自己的孩子，但很多家长会把爱藏于心中，为了树立权威，他们表面上都是严肃、严格的，不轻易表达自己对孩子的感情，这样会让孩子感觉不到父母的爱。当孩子在家得不到所需要的爱时，他们就会往外求。通常，缺爱的孩子会比较自卑，因为他们认为自己不够好，但又渴望能获得他人的爱、希望得到别人的认同，在青春期稍微听到点甜言蜜语就很容易迷失自我。

理解孩子最简单的方法就是换位思考，经常回忆自己的童年，就能知道自己的孩子在想什么。如果是那个年龄或那种情况下的自己，最希望听到父母对自己讲什么？那你自己对孩子讲这些话就一定没错了。

三、经常给孩子"贴正面积极的标签"

在第二次世界大战期间，美国兵力不足，而战争又急需一批军人，于是美国政府决定组织关在监狱里的犯人上前线参战。美国政府特意派了几位心理学家对犯人进行战前动员和训练，并随同他们一起到前线作战。

在训练期间，心理学家并没有过多地说教，只是特别强调要犯人们给自己最亲近的人写一封信。信的内容由心理学家统一拟定，叙述的是犯人在监狱中的表现如何好，如何接受教育、改过自新等。心理学家要求犯人认真抄写后，寄给自己最亲爱的人。

三个月后，犯人们开赴前线。专家要求犯人在给亲人的信中讲述自己如何服从指挥、如何勇敢等。结果，这批犯人在战场上的表现比起正规军来也毫不逊色。他们在战斗中正如他们信中所说的那样服从指挥、勇敢拼搏。

后来，心理学家就把这一现象称为"贴标签效应"，也叫暗示效应。这一规律在家庭教育中有着极其重要的作用。如果我们经常对孩子说"你怎么这么笨""你真懒""你一点都不懂感恩"等等，时间长了，孩子就真的可能成为我们口中的那个"笨小孩""懒孩子"。时间长了，孩子也认为自己就是一个很差的人，长大了也会自我怀疑、自信不足。

所以，我们不能给孩子随便"贴标签"，要贴也最好是正面积极的标签，因为正面积极的标签会让孩子心中衍生出一种自信，确认自己未来会成为这样的人，这也是一种心理暗示。

在圆圆的成长过程中，我从不给她贴负面的标签，一直都告诉她，她是一个勤快、细心、诚实、自律、体贴、善良、勇敢、努力、聪明……的孩子，总之就是把最好的形容词用在她身上。在她孩童时期，当她还听不进道理时，如果她无理取闹、发脾气、哭闹，我甚至会为她辩护，我会抱着哭闹的她说："刚才那个不是真的你，是不是假的圆圆跑出来了呀？真的圆圆不是这样的，真的圆圆是很乖、很有礼貌的，你说是吗？"有人给她台阶下，她也会很乐于接受，说："是的，那个是假的圆圆，不是真的圆圆。"我就会回应她："那好了，现在真的圆圆回来了，相信你以后不会再这样了，你要战胜那个假的你。"

只要看到她做得好的地方我就会放大，对于那些做得不好的地方，我批评教育完就不会再提。比如下面的内容，是圆圆准备上学前一天我在日记本上写的对她的评价：

现在妈妈必须要接受女儿已经长大了的事实，是真的长大了。你看她自己在整理书包的模样多成熟，一点都不需要妈妈帮忙和操心，你看她每天洗澡后都自己洗自己的内衣，多细心勤劳，你看她每天坚持练琴、写日记，多自觉坚持……

9

这就是我的好女儿刘圆圆，小学的生活一定难不倒她。她一定会成为尚雅小学最优秀的小学生，妈妈相信你！

现在 妈妈必须接受女儿已长大了的事实，是真的长大了，保着她自己在整书包的模样，多成熟，一点都不需妈妈帮忙和操心，保着她每天洗澡后都自己洗自己的内衣，多细心勤劳，保还着她每天坚持练琴，写日记，多自觉坚持……这就是我的好女儿刘……开展小学的生活一定难不到她，她一定会成为尚雅小学最优秀的小学生。即使距离遥远，我也要到你身边…… 妈妈相信你！

You provide my best friend

整理书包，洗内衣，可能孩子也只是做了那么一次，但在我对她的评价中她就是一个优秀的孩子，是一个不需妈妈操心、细心勤劳、自觉坚持的孩子。因为她了解到了这样做妈妈会赞赏、会喜欢，她就有坚持的动力。

优秀的孩子都是激励出来的，自卑的孩子都是打击出来的，所以，在教育孩子的过程中，一定是激励大于责备和打击。

如何给孩子贴正面积极的标签？我的方法是：

（一）摆论点。你会是这样一个优秀的好孩子。

我经常会对圆圆说："你是一个勤快 / 细心 / 诚实 / 自律 / 体贴 / 善良 / 勇敢 / 努力 / 聪明……的孩子。"

（二）放论据。把平时孩子做得好的方面及时反馈、放大。

有一些家长会很关注孩子的短板和不足的地方，总盯着孩子做得不好的地方，并且还会把孩子的不足放大，但孩子做得好的时候家长会视而不见，或觉得理所当然。如果我们总强调缺点，孩子就会在我们的影响下，过度关注自己的缺点，这会影响孩子对自我的信心，甚至嫌弃自己。

我平时会更关注孩子的优点，只要她有一点闪光点，我就会放大，肯定她是个很棒的孩子，并表示我对她很欣赏。当孩子能不断得到这种有真凭实据的事例肯定时，他也会相信自己真的很优秀，从而自信心越来越足，他自己会感觉非常良好，这份自信又会让孩子不断突破。

比如圆圆上学感冒了，但她还是很认真地完成了作业，我就会在日记里写上：

上学后的第一次感冒，虽然不舒服，但你依然坚持每天的学习流程，拉琴、看书、做作业一样没少，都是独立完成。真的很佩服我的宝宝，对于自己的事情一点也不马虎、也不

2008年11月19日，天气：寒冷。

今天回家见到女儿，很开心，但女儿感冒了，这还是怀上学后第一次感冒，虽然不舒服，但怀依然坚持怀每天的学习流程，拉琴、看书、做作业一样也没少，都是独立完成，真的很佩服我的宝宝，对于自己的事情一点也不马虎，也不拖拉，非常地坚持，真是孩子中的好榜样，有这么好的女儿真好，真幸福！

拖拉，非常地坚持。真是孩子中的好榜样，有这么好的女儿真好、真幸福！

　　孩子做得好的时候我们马上就要肯定，因为夸奖也是有时效性的，如果没能及时给予孩子表扬和鼓励，等到过后再来补上，效果会大打折扣。很多时候孩子不能坚持或没有内在的驱动力，是因为没有人及时给予肯定。孩子并不是不想做好，而是孩子本身并不清楚怎样做才是对的、才是好的。他们需要我们不断地引导与肯定，请相信，我们的言语对孩子来说是非常有分量的。

（三）做论证。总结来说，你就是这样一个优秀的孩子。

平时很多做得好的小细节要及时反馈，当有机会（如面对面沟通、过生日、年度总结或重大表现）时就给予总结肯定，肯定他就是这样一个优秀的孩子。

女儿在 12 岁时，利用寒假在琴行陪别的孩子练琴，收到了人生第一份工资。她在除夕给父母各包了一个留有小字条的红包，并悄悄地藏在了我们的枕头底下。我们睡觉时发现了，马上给她写了一封感谢信，肯定她的行为及品格。

亲爱的圆圆：

你知道吗？当我掀起枕头那一刻感觉太惊喜了，而当看到里面的内容，爸爸与妈妈都太感动了，感动得热泪盈眶，简直不知道该用什么语言来表达我们此刻感动的心情。

我和爸爸一直都知道我们拥有一个优秀、善良、漂亮、勤奋的女儿，并一直都为拥有这样的孩子而感到幸福和骄傲，而通过今晚，我们更发现我们的女儿还有一个更重要的品格——感恩！是的，就是拥有一颗感恩的心，这颗美丽的心灵是植根于我们的宝贝女儿身上的，而我们绝对相信，因为常怀感恩，圆圆的未来一定会更快乐，因为你会给予别人快乐，别人也一定会回赠欢愉。

亲爱的女儿，再次感谢你，感谢你用你辛勤的劳动换取到的金钱给我们包红包，感谢你爱我们，感谢你做我们的女儿，感谢……

新的一年，祝福你继续快乐，继续健康，继续上进，继续无忧无虑，继续当我们是好朋友、是你值得信赖的人。

520　ALWAYS!

妈妈＆爸爸

2015 年 2 月 18 日

除夕

我和爸爸一直都知道我们拥有一个优秀、善良、漂亮、勤奋的女儿，并一直都为拥有这样的孩子而感到幸福和骄傲。而通过今晚，我们更发现我们的女儿还有一个更重要的品格——是感恩，是的，就是拥有一颗感恩的心。这颗美丽的心灵是植根于我们的宝贝女儿身上的，而我们绝对相信，因为常怀感恩，圆圆的未来一定会更快乐，因为你会给予别人快乐，别人也一定会回赠欢愉。

孩子也是一面镜子，也在反射着父母的行为，所以当我们说孩子的缺点时，请想想，这个缺点是不是由于我们的某些行为对孩子造成了影响，想改变孩子时我们要先改变我们的行为。重点关注并放大孩子的优点、长处、闪光点及每一个良好的表现行为，弱化并缩小孩子的缺点、短处及某一刻他令人抓狂的行为，给孩子反馈更多他的优秀时刻，慢慢地，他就真的会变成你口中那个优秀的孩子。

每个孩子都是一个天使，他们来到这个世界时都是一张白纸，他们受到家庭、社会的影响，慢慢长成了现在的模样。

CHAPTER 2

第二章 ————

与孩子沟通的秘诀，春风化雨，滋润心灵

现在，很多家长因为工作忙、压力大，在与孩子沟通时花的时间不多，更谈不上能走进孩子的内心世界，所以就造成了家长通常以自己的主观意见来看待问题，并以此要求、教育孩子。

为什么很多孩子不听或听不进父母的话？有一个很重要的原因，就是不和谐的亲子关系封闭了孩子的耳朵和心灵，孩子的耳朵和心灵都不再向我们敞开时，我们的一切教育都没用。

与维护及保持任何其他的良好关系一样，建立和保持紧

密的亲子关系也是需要付出努力的。当我们用心去经营亲子关系时，我们与孩子之间"爱的关系"会更加牢固和成功。

养育孩子一直都不是容易的事，如果我们能与孩子维持亲密的亲子关系，保持开放、信任的交流和沟通，我们可以在孩子的任何成长阶段都与他们保持最信任、最亲密的关系。

因为我和圆圆的父亲都是普通上班族，加班和出差都经常发生，为了始终能与孩子保持良好的沟通，我们也想了很多办法，除了在一起的语言沟通交流外，我们还经常会用文字进行沟通和交流。

这里与大家分享与孩子交流沟通的原则与秘诀。

一、与孩子沟通的原则

很多家长可能会说，一直对孩子赞赏、鼓励行吗？不打击一下他的话，他可能会骄傲与自满！在我的观念中，想让孩子不过于骄傲与自满，不应是通过父母的语言来打击，而是应该让孩子自己去试错后与他谈失败来平衡他的心态。

因为打击就意味着否定他的能力。我相信，每个人都不喜欢被否定，特别是不愿意否定来自最亲的人。我们可能对陌生人的否定不在乎，但面对自己最亲、最信任的人，心里一定是非常在乎的。对于小孩而言，他此阶段最在乎的人就是父母。经常被父母打击、否定的小孩子是不会自信的，这种影响可能会伴随他一生。

在沟通时，我经常会参考临床心理学博士马歇尔·卢森堡的《非暴力沟通》这本书，他在书中说道："也许我们并不认为自己的谈话内容是暴力的，但我们的语言确实常常引发自己和他人的痛苦。"

比如，"你看你这是什么样子，真给我丢脸""你看一下×××，再看一下你""你就会闯祸，没一样能让我省心的""你没有一件事是做得好的，养你有什么用"……也许我们随口说的时候完全没有意识，但我们的每一句话可能都会伤害孩子，给孩子带来持续的不良影响。孩子的未来藏在我们日常对他的评价中。这样的沟通方式仅是发泄了情绪，但后患无穷、影响深远，我们通常还不自知。

我一直奉行的是非暴力沟通，时刻对孩子肯定、赞扬与激励，让孩子一直感受到生活的快乐与热情，保持积极乐观、勇敢自信的心态，让他更有信心期待美好的未来。

"非暴力沟通"包括观察、感受、需要与请求四个方面的要求。

观察是指家长在与孩子相处的过程中注意孩子的生活细节，当孩子出现某种不好的行为习惯时，家长向孩子陈述客观事实（一定要注意是陈述事实，不要带任何个人情绪）。

比如，孩子今天打游戏超过两个小时，我们可以说："你今天从3点到5点打了两个小时的游戏，超出了你自己规划的时间，请问是什么原因？应如何改进？"不能说："你看你，每次打游戏都打几个小时，我一直说你都不听，你究竟还要不要学？"因为陈述客观事实，才能更好地交流，一旦带入个人情绪，场面就会失控。

感受是指家长要将自己的想法讲给孩子听，将自己对于孩子行为的评价，明确地告诉孩子，让他知道家长的实际感受，从而触动孩子，以便更好地交流。

比如可以这样说："儿子，你今天这样做妈妈很难过，虽然我也知道你不是故意的，但我还是很伤心，我不喜欢这样的儿子，我心目中的儿子是这样的……"

需要是指家长要明确地告诉孩子自己对于他的爱与期望，从而引起孩子情感上的共鸣。

比如："我相信你下次一定不会再这样了，我们一直都认为你是一个诚实、自觉的好孩子。一个人之所以优秀，就是在很多时候比别人能控制自己多一点点。"

请求是指家长告诉孩子希望他们怎么做，向孩子提出请求，希望他们能够满足自己的爱与期待。

比如："如果下一次再发生这样的事情，你一定要与我们沟通，我们一定会全力帮助及支持你的，知错能改就是好孩子，我们会一直爱你。"

　　我其实也是一直劝自己要忍耐，正所谓小不忍则乱大谋，是自己发泄情绪重要？还是孩子幸福的童年、自信的性格、美好的未来重要？经常反问一下自己，问完就有结果了，愤怒的情绪也会缓解，能更理智地去处理孩子成长的问题。

二、与孩子沟通的秘诀

　　在圆圆的成长过程中，我们一直都保持着良好的沟通，除了语言的交流，我们还会进行文字的交流，以下是我与孩子交流的秘诀。

（一）共写一本日记

　　在圆圆刚会写字的时候，我就设了一个二人日记本，名为《方圆密语》，意为妈妈与女儿两个人的秘密。这个日记本就像是一座桥梁，能通往彼此的心，大家当天有什么想讲的话、想写的东西、想问的问题，都可以写在本子上，这样既能提升孩子的书写能力，又可解决因工作无法经常与孩子面对面沟通的问题。通过日记沟通，我能及时发现问题并马上解决，以文字的形式不断肯定及激励孩子变得更好。通常，一个人写好后就会放在对方的书桌上，对方应答后再返回去。

我认为，对于刚上小学一二年级的孩子来说，这是一个极佳的沟通方式，能让我们一直保持很亲密的交流，而且写过必留痕迹，这些二人日记本在未来再翻看也会成为很美好的回忆。

下面是在圆圆在读幼儿园大班时我写的日记。我想邀请她去看电影，但是我加班回家时她已经睡了，于是在日记本上发出邀请，第二天她看到就回我了。

共同日记本沟通能让孩子的耳朵和心灵一直都向我们敞开，让大家的沟通可以"从我的世界走进你的世界，从而能

变成我们共同的世界"。日记本就像是一架桥梁，能通往彼此的心。

我们的共同日记一直持续写到孩子三年级，因为三年级开始她要写作文及日记了，功课很繁忙。因此，共同日记本上她写得就越来越少了，但是我们给对方留字条的习惯一直持续至今。

（二）经常给孩子写信

当共同日记上的互动少了后，我就会经常给圆圆写信。在她每一个成长的阶段、重要的日子、送礼物的时候、她成长中出现失误的时候、家长有失误的时候等等，我都会通过信函去表达我们对孩子的爱、感谢、肯定，还有对问题的看法及给她的建议。

书信交流的魅力在于可以充分地表达自己的心情与想法，能让自己在写信时平心静气，思路清晰，表达准确，也能给自己与孩子留一些空间。这种纸上的无声语言传递给孩子，能触动孩子的心灵，有一种"润物细无声"的效果，比容易受到情绪影响的语言更能打动人。有时候，孩子会抗拒与父母的对话，但如果把话语形成文字，孩子就不能不在意了。文字更能触动孩子的思想，达到更好的效果。

我给圆圆写信时，通常是以赞赏、感谢、有她很幸福等正面的内容作为开端。假如此信的目的是沟通她的错误，通常也是先肯定过往，再谈现在的问题，会表达我对她的表现感到很难过，自己作为父母要检讨哪方面做得不够好等，相信她一定会改正。

其实，给孩子写信沟通是很简单的，想对孩子说什么就写什么，不受字数限制，话多则长，话少则短。当我们经常给孩子写信后，孩子也会模仿与学习。相互的书信往来会让彼此关系更融洽，当然，孩子的写作能力也会越来越强。

以下是初二小中考时我写给孩子的信。

亲爱的圆圆：

马上就要迎来你人生的第一次中考，时间过得飞快，小升初仿如昨日，如今又要准备中考的毕业考试。古语说："一寸光阴一寸金。"真是非常有道理呀！这时刻提醒着我们要珍惜时间，利用宝贵的时间做有意义的事情，切莫虚度光阴。

其实初二的中考也只是人生一个很小很小的自我检阅，明年你还有真正的中考，接着还有高考、考研、考博，未来还有你的工作、婚姻……都是一个个的人生考试，所以你无须紧张，尽管放松应对。

在此，我也想借用你前段时间才刚参观完他的故居、对他及他的孩子们都非常敬佩的梁启超大师的一段话与你共勉，他在写给孩子们的信中谈道："莫问收获，但问耕耘，结果如何？现在想他则甚？着急他则甚？一面不可骄盈自慢，一面又不可怯弱自馁，尽自己能力做去。"所以说，过程比结果更重要，只要你尽力于学校，认真汲取知识，于平时多问、多看、多思考，过程做好了，理想的结果也会随之而来。

现在有很多考试定人生的言论，请你无须理会，因为考试只不过是人生的某个节点，它还不足以决定人生的成败，人生也不会因为这次的中考改变什么。我们应该把眼光放开些，你的未来是怎样？会在哪里？会从事怎样的职业？现在一切都言之过早。

最近你不是抱着世界地图在"环游世界"吗？这几年你也从南走到北、从东走到西，感受了不同的信仰、不同的文化、不同的风俗，看到不一样的生活，在旅途中我们也经常在思考、在探讨，这里的人为什么要在这里生活？那里的人为什么要在那里生活？为什么同一样事情不同的地方会是不同的做法？答案是没有标准答案，因为生活本就是没有标准的。只是当你努力学习后，未来的你因为你的知识会有比别人更多的选择机会，你就有能力去选择你喜欢的地方，用你喜欢的生活方式过你的人生。

最后，还是要祝你：考试顺利、学习开心！

爱你的妈妈

2016 年 6 月 15 日

亲爱的圆圆：

马上就进来8水人以如第一次牛苦，时间过得飞快，小时候仿如昨日，如今要你肩着牛苦如牛生苦战，古话说"一寸光阴一寸金"真是非常有道理呀！时刻提醒着我们要珍惜时间，利用宝贵的时间做有意义的事情，切莫虚渡光阴。

（三）与孩子谈责任、谈失败、谈未来

我之前看过泰国的一个由真人真事改编的广告片，叫《菠萝冰棒》，当中的情景让我很受触动。

《菠萝冰棒》讲述了一对贫困的母女在底层生活的故事。母亲没有念过书，靠卖水果为生。有一回，小女孩想切菠萝，但不知如何下手。妈妈没有扑过去教，也没有置之不理，而是自己拿了一个，慢慢切给孩子看，小女孩立刻就懂了，她学着妈妈的样子，顺利完成人生第一次切菠萝的过程。妈妈不懂得什么叫言传身教，也不懂得什么叫让孩子成为她自己，她只是朴素地觉得，不要绑着孩子，应该让她自己去学，去做，去试验。夏天来了，孩子们开始吃起了冰棒，但她们没有钱，吃不起。小女孩看着别人吃，只能偷偷咽口水。母亲看见了，就把菠萝切块，插上一根竹签，冻在冰块里，次日拿给女儿吃。她说："这是菠萝冰棒。" 小女孩觉得美味至极，说："太好吃了，妈妈，我们应该把它卖出去。"妈妈没有反对，任由女儿背着冰棒箱，去叫卖，也去试错。没有一个人买小女孩的菠萝冰棒，她沮丧地走回来，问妈妈："妈妈，为什么没有人买呢？"妈妈没有直接说出答案，而是说："那你该自己去菜市场，看看别人是怎么卖东西的。"小女孩去了菜市场，细心观察其他小贩。她听见了吆喝，看见了广告牌，知道了如何宣传自己的优势。回到家后，她拿起一个纸板，画上菠萝冰棒的图，写着"雪糕菠萝冰激凌，每口好滋味"，然后一路吆喝：5块一根，10块三根。她的菠萝冰棒被一抢而光。妈妈看见此情此景，欣慰地说："未来无论发生什么，我也相信她能过得很好。"

短片结束时有一句话：家庭教育是激发潜能的源泉。孩子在妈妈的教育下，懂得了人生得由自己去探索，去试错，去纠正和负责。这个道理我们许多家长都明白，但是很少有家长能像那个妈妈一样，给孩子充分的自由、无所保留的爱和尊重。当父母能对孩子不控制、不放弃，帮助孩子成为他自己，那么，这样的孩子即使不能成才也一定能成人。这个短片中小女孩的原型在长大之后，获得奖学金，完成本科学业，过上了自己想要的生活。

我不断提醒自己要学会对孩子放手，父母只需要做好父母该做的事，孩子的学习和生活是他们自己的事，责任自己承担，失败自己接受，未来自己选择。我们只是引路人，可以经常提醒、给她建议，可以背后支持及鼓励，但不能代替她成长，她自己的人生需要自己负责。

父母认为是好的，不一定是孩子想要的，我们要理解、尊重他们的选择。他们成功，我们鼓掌；他们失败，我们接纳并引导——酸甜苦辣咸组合在一起，才是生活的真相。

我一直认为，最好的教育就是与孩子各司其职，各自努力！

| 谈责任 |

我认为，责任感是促使孩子向上奋进的内在驱动力，也是能促使孩子达成目标的催化剂，培养孩子的责任感是孩子成长路上最重要的课题。所以，我会经常对圆圆谈到责任两个字，无论是口头沟通还是文字沟通，经常提醒她要为自己的人生负责。

什么时候开始与孩子谈人生比较适合？我是从她上幼儿园便开始了。刚上幼儿园的圆圆也与其他小孩子一样不想离开妈妈，但教会孩子独立生活也是我们为人父母的重要课题，上幼儿园这种短暂的分离就是一个成长的阶段。对于当时只有两岁的圆圆，有牛奶喝是她认为的人生最重要的事情，所以我每天送她去幼儿园时都会对她说："妈妈的责任是上班努力工作赚钱买奶奶给圆圆喝，圆圆的责任是快乐地去幼儿园，认真做早操，学唱歌跳舞，吃多饭，快点长大。我们一起加油，来，与妈妈击个掌，yeah！"尽管这么小的她不一定能听得懂，但是与她讲得多了，她也明白，快乐地去上幼儿园就是自己的责任。

当她上小学时，我就会认真地与她谈："父母现在的责任是努力工作，得到老板的认可和同事们的信任，取得更高的收入，为家庭创造更好的生活条件。你现在的责任是努力读书，得到老师的认可和同学们的喜欢，取得更好的成绩，为自己创造美好的未来。我们各自都应该在自己的领域努力，对得起自己，爱护好家人。"也正因为她从内心认为，认真读书、取得好成绩是她的责任，是为了她自己的未来，所以她产生的是内在的驱动力。在整个求学阶段，她都能保持高度的热情，主动积极地投入她的学业中去，外在的奖励或刺激都是次要的，她也能经受住其他的不良诱惑，因为读好书这个目标及责任是根植于心的。

到了初中，圆圆感觉自己是个小大人了，不再喜欢以前这种温情的方式，我就会跟她谈法律，会对她说："其实我们也不是很想管束你，但法律规定在孩子18岁前，父母是孩子的监护人，所以现在我们有责任给你提供生活及教育所需（如果爸爸妈妈不养你，不让你读书，你是可以拿起法律的武器起诉我们的），还要对你的过错承担法律责任。现在我们教育你、提醒你及监督你是因为我们有这责任，但未来还是由你自己负责。"

结果，圆圆快到18岁时，我们感觉她有些忧愁，就问她原因。她说很快就没监护人了，自己要对自己的行为完全负责，有一点点害怕及忧虑。我回她："是的，你马上就是成年人了，到了自己承担责任的时候，以后做每一个决定的时候都要想清楚，这件事情应该如何处理？发生的后果自己是否能承担？当然也不用害怕，我们依然是你最坚强的后盾，如果你问我们，我们也是会给你建议的。"

敢于负责任，是孩子人生最重要的课题。如果我们希望孩子长大后能独立，过好自己的生活，就要从小培养孩子负责任的习惯、接受挫折的勇气、解决问题的能力及面对未来的信心。

| 谈失败 |

我们经常鼓励圆圆，只要是不涉及犯罪及伤害身体的事情，都可以去尝试。告诉她，她现在还是个孩子，正在探索世界、学习成长，谁会做什么事情就一定能成功呢？只要尝试，肯定有成功，有失败，成功就享受它带来的喜悦，失败了就总结错在哪里。在失败中积累经验，下次说不定就会成功，一次不行就两次，两次不行就三次，多试几次又有什么关系呢？但要记住，生命至上，除了生命之外，其他的试错都是成长的一部分。

也因为我们经常对圆圆谈失败，允许她犯错，给她改正的机会，让她明白知错能改就是好孩子，所以她觉得失败是很正常的事，一次不行就两次，两次不行就三次，只要坚持不懈、付出努力、改进方法，总有一天会成功的。当年她为了当大队长，从三年级起就每年参加大队长竞选，屡战屡败却又屡败屡战。到了六年级，她还是没有争取到三条红杠的大队长臂章，依然还只是两条红杠的中队长，但这丝毫没有影响她的自信。她只是认为自己做得还不够好，虽然没选上，但参与这么多次，自己也进步了。正是这么多次的参与，为她初中成功竞选团支书、高中成功竞选学生会代表积累了宝贵的经验。

一个真正拥有自信的孩子是不惧怕挫折和失败的，因为他知道通过自己的努力可以战胜困难和挫折。前提条件是父母可以接纳他的失败，并用无条件的爱陪着他一起去面对失败带来的挑战，只有这样，孩子才会越挫越勇，做事才会有自信心。

现在的很多家长总是想帮孩子代劳一切，想方设法阻止他们做家长认为错的事，避免孩子失败，以为这样就能帮他们绕过所有的弯道，但这样制造出来的人生没有经历过任何失败的洗礼，孩子很难享受到成功带来的真正喜悦。其实，错误和失败是孩子绝佳的成长机会。

对任何一个人来说，逃避失败就意味着放弃了进步，放手让孩子享受属于自己的成功和属于自己的失败才是真正完美的人生。

| 谈未来 |

我看到过一篇文章，里面提到妈妈常常是一个家的灵魂人物，她掌握着家里的家庭气氛，如果没有一个快乐的妈妈，就很难有一个快乐的家庭。然而，大多数的妈妈都过分担忧子女：课业、工作、婚姻、健康——几乎无所不包，这样的妈妈是不会快乐的。按照"吸引力法则"的说法，就是"心想事成"。如果你用很大的"念力"去相信一件事情，它就会如你所相信的去"实现"。一个妈妈如果相信她的孩子有能力去面对他自己的生活困境与难题，那么这个相信就是一个"祝福"，而她的孩子也会因着这样的祝福而蒙福。相反，如果一个妈妈老是"觉得"她的孩子不懂事，不会照顾自己，一定会吃亏上当，那么这个"担心"很可能就成了"诅咒"，以后的孩子果然就会如她之前所担心的那样，老是出状况，令她担心。

我绝对相信妈妈的愿力与孩子的力量是成正比的，你认为孩子行她就行，你总担心不行孩子就不行，所以在圆圆成长的过程中，我们经常给她描绘美好的未来。

比如谈未来的金句：

"我觉得通过你的努力，你是一定能达成目标的。"

"我认为你未来一定能成为一个优秀的……"

"我就觉得你是最棒的，你只是还没发掘出你的潜力。"

经过我的观察发现，孩子听了内心是很开心的，在父母的肯定下会更有信心。

父母应该避免如下谈未来的毒句：

"我看准你是不会有进步的。"

"你看你这个样子，你以后倒垃圾都不会有人要的。"

"我早就说过你是不行的……你又不听，你看你现在……"

对于父母而言，那只是一句随口说的话，但对孩子而言，其伤害可能贯穿一生。我们不要认为打孩子才会伤害孩子，事实上，语言上的伤害会烙在孩子的内心，说多了，父母的预言就会成真，孩子就真变成父母口中这种不成材的人。

我们不要低估平时与孩子的对话、对孩子的评价所带来的影响，事实上，孩子的未来都藏在父母的话语里。

CHAPTER 3

第三章 ————

亲子关系的处理，给孩子爱与尊重

一、没有附加条件的爱

没有附加条件地爱孩子，不是说全心全意地一切为了孩子，而是说我们只是爱孩子本人，我们对孩子的爱和他的行为、能力、表现没有关系。不要让孩子感觉到，他听父母的话父母才爱他，考试拿到好成绩才爱他，这样会让孩子感到父母只爱听话的他、成绩好的他，当他不听话、成绩不好了，你就不爱他了。当遇到一些挫败、觉得自己不够优秀时，孩子就很容易产生心理问题，他会害怕父母是否会因此而不爱自己，甚至不要自己了。没有足够安全感的孩子很容易走向极端。

如果让孩子感觉父母的爱都是有条件的，那么父母与他沟通就不容易，孩子也会与父母谈条件。他会想：你做了什么？你会给我什么？我不做你会怎么样？你这样讲是为了你自己，等等。只有在孩子确认父母是无条件地爱着自己的时候，他对于父母的教育、批评、建议才不会怀疑，他才会愿意听父母的。

所以，我在任何时候对圆圆都是这样表达的，无论是书面上还是言语上：我们爱你，不是因为你优秀，而是因为你是我们的孩子。无论你是怎样的，我们都爱你，只因你是我们的孩子，所以无论发生什么事情，我们都是你背后最坚定的力量，请你放心，我们会一直在你的身边无条件地支持你。

感谢你是我们的女儿。你的优秀超出我们的期望值。我们总是由衷地觉得骄傲。我们很爱你，但不是因为你表现得很优秀、出色，而是因为你是我们的女儿。无论是怎样的你，我们都会爱你的。

没有附加条件地爱孩子，是让孩子的努力是为了自己，而不是为父母的喜好。一个人为了自己才会心甘情愿，才会排除万难，才会全力以赴，这是人性，这样的努力才会有意义，才能坚持不懈。

二、尊重孩子，他们也有决定权

经常听到很多家长说：

"孩子还小，什么都不懂，就这样决定吧，我们是孩子的爸妈，我们说了算。"

"不需要问孩子了，我们先决定了，回头再跟孩子说！"

"我们这么做不都是为了孩子吗？这样决定就行了。"

"你就不要胡闹了，爸妈这么做完全是考虑到你未来的人生，我们都是为了你好。"

我相信，这些话语大家都很熟悉，因为很多家庭或多或少都会有这样的声音。父母都很爱孩子，希望能给孩子做一切我们认为对且有利的决定。但是，我们单方面帮孩子做我们认为正确的事情时，孩子会开心吗？会感恩吗？不会！

只有当孩子参与其中，哪怕最后孩子选错了、走了弯路，他也是心甘情愿的。相对来说，小时候抉择失败的成本是最低的。如果小时候没机会尝试，等长大之后，因为经验的缺失，一旦决策错误，往往需要花费大量的精力和财力才能补救。有句话说得好："选择比努力更重要。"只有在选择正确的基础上，努力才会有好的结果，但抉择能力也是需要反复练习才能逐渐培养起来的，应该从小就开始训练。

所以，凡是涉及圆圆的事情，我们都会与她商量，比如她上幼儿园的时候，我们陪她走访了很多家，最后与她一起分析哪家比较好，她又比较喜欢。比如她上小学的时候，一开始我们以为是会划分到好学校，全家都特别高兴。结果一星期后才知道弄错了，实际上是另外一家全区相对较差的小学。于是，我们马上决定放弃公立学校，选择私立学校。然而，能否成功录取是个未知数，要靠她自己去面试，争取入学的机会。这件事我们全程都让她参与，与她一起商量对策，尽管她当时可能不明白，但这是有关她人生的事情，必须要让她参与并了解。

在圆圆成长的过程中，我们一直都遵循此原则，经常会与她商量：你希望怎样处理？你觉得呢？你的想法是什么？给予她发表意见的权利，倾听她的想法，哪怕她的想法很幼稚，但我们也很重视，因为这是她成长的机会，我们会引导她自己做决定，也许最终的结果不一定是对的，或没有按她的想法进行，但因为她参与了决策的过程，也会比较容易接受大家一起做的决定。

要想让孩子独立，就应该把权利还给孩子，让孩子自己拿主意，不要当一个时时刻刻控制孩子思想的家长。孩子拥有了决定权，才能学会为自己做出正确的选择，把决定权留给孩子，目的就是培养孩子独立的人格，凡事要自己思考，有自己的意见。会做决定也是一项生存技能，对孩子的未来很重要，而且人通常对自己做出的决定更负责。

在圆圆三年级时，老师希望找我担任班级的家长理事长职务，但因为这是与圆圆有关的事情，我不能单独拿主意，所以我跟老师说要征询一下孩子的意见。（我的想法：一是为了尊重她，二是为了给她压力，让她要表现得更好。）

回到家与圆圆沟通了此事，圆圆非常认真地对我说："妈妈，来，到我房间里坐坐，我们谈谈。"晕！她倒像妈妈了，我只能跟着她进去并坐好。

圆圆开口了："妈妈，我觉得这次机会非常难得，你要把握住。上次简主任邀请你分享，但你因工作关系来不了，已经错失了一个好机会，这次的机会你就不能再错过了。"

"但是我担心做不好丢你面子。"我说。

"不用担心，你一定可以做好的。"圆圆鼓励我说。

我回："但是我又担心，如果我做了，而你表现不好，我就会很惭愧，自己的女儿都教不好，还做理事长。"

圆圆赶紧说："不用担心，我肯定会努力的，一定成为优秀的学生，所以你放心做吧。"说完她还拍拍我的肩膀。

因为有圆圆的鼓励，我就把这工作接了下来，我想我会与圆圆一起努力的！

孩子虽然还很小，可他也是家庭中的一员，很多时候还是决策事情的主角，为什么就没有参与的权利了？当我们与孩子一起沟通后再做决定，孩子会更加清楚这件事情的重要性，他会对这个选择或决定负责任，尽自己的能力做得更好。孩子也是有思想的独立个体，不要因为家长的"过度保护"而被限制了自由成长和决策权利，孩子有自我选择的勇气比选择正确更重要。

孩子并不会一夜长大，成长需要日积月累的学习及磨炼。如果我们什么事情都帮孩子做决定，那么当父母不在孩子身边，他一个人面对事情的时候，就会变得畏畏缩缩，没有能力及勇气做有利于自己的决定。

三、夫妻的关系比与孩子的关系优先

美国著名哲学家、教育家约翰·杜威说："一切教育的最高目的是形成性格。在每个人的生命成长中，没有比家长更重要的老师。最好的家教就是夫妻恩爱。"我们总是想要把最好的都给孩子，倾其所有为孩子付出，殊不知，对孩子来说，最幸福的事情不是爸爸或妈妈多爱自己，而是看到爸爸妈妈彼此相爱。

事实上，心理专家指出，在一个家庭中，夫妻关系就像是"定海神针"，是最核心、最重要的部分，地位应该在亲子关系之上。当父母关系很好时，孩子就会觉得轻松自如、自信快乐，更有幸福感及安全感，能够安心、集中精力在自己的学习、成长和探索中，未来也更有利于走向独立。

所以，我们经常都会在孩子面前说对方的好话，比如圆圆问："你说爸爸勤劳吗？"我就会告诉她："爸爸非常勤劳，是世界上最勤劳的爸爸。"

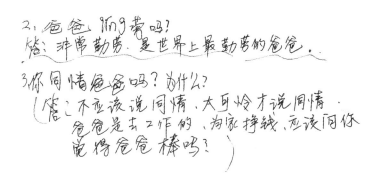

我们在单独与孩子沟通需要决定的事情时，一定会征询对方的意见，比如圆圆与爸爸商量要上哪里玩时，爸爸会说："要问一下妈妈行不行。"如果是与妈妈沟通的，妈妈也会说：

"要先问一下爸爸是否有空才能决定。"要让孩子感到爸爸真听妈妈话或者妈妈真的很尊重爸爸，还要让孩子清楚他自己的意见只是参考，父母共同的意见才更重要。

我们夫妻还经常会在对方面前反馈孩子的情况或者孩子对我们的爱，如经常说："孩子最像你了，简直一模一样。"相信每个父母都喜欢孩子像自己好的地方；孩子真的很喜欢你、很爱你、孩子最喜欢跟你在一起，这样的说法会让父母的内心柔软，会更爱孩子，更爱这个家。想让对方帮忙干活还可以借用孩子的口表达出来，如说孩子觉得你煮的菜是最美味的、孩子最喜欢你帮他，这比批评说你饭也不做、活也不干有效得多且有爱得多了。

父母的关系亲密和谐，会让孩子看到好的感情是什么样的，从而对健康和谐的爱有正确的判断力，在将来的亲密关系中懂得远离不合适的人，找到适合自己的幸福。同时也能学会如何去爱人、关心人，怎么去正确沟通、化解矛盾，更有利于孩子的人际交往。

一个有爱的家庭氛围才能给孩子最好的成长养分，爸妈互爱才是给孩子最好的教育，而这份爱不需万贯家财，也不需上刀山下火海，只要你在生活的细节上给配偶多一点温暖就够了。

赏识、相信我们的孩子，
是一切教育的前提。

PART 2

第二篇

上学沟通篇

CHAPTER 4

第四章 ————

激发孩子的自驱力，让孩子成为主动的学习者

一、上学四行动

（一）一个小闹钟

在圆圆上学前，我们陪她去选了一个她喜欢的小闹钟，并告诉她：你现在已经是小学生了，能上小学证明你已经可以独立应对自己的生活及学习，你需要在早上6点30分起床，闹钟响的时候就是你起床的时候，喊醒你的不是妈妈而是闹钟。但孩子能按时早起的前提一定是早睡，只有每天保持充足睡眠的孩子才容易养成此习惯。

　　闹钟的目的是初步养成孩子的时间观念，上学不依赖家长。事实上，这个办法是非常有效的，也会对孩子未来做时间管理非常有帮助。

　　孩子的自律及坚持是需要时间考验的，需要我们不断地肯定及鼓励，所以无论用语言还是文字，我都会经常肯定她的优秀，欣赏她的自律，让她知道妈妈有这样的女儿会感到很幸福。为了得到妈妈更多的赞赏，孩子也会表现得更好，一开始是勉强，后来勉强变成了习惯。圆圆直至大学前，无论是上学还是放假，每天都是早上6点起床，这已成为她自然的生物钟。

　　在开学的第一天，我就给她写信肯定她自律的行为，表述我对她这种行为的欣赏，孩子也会因为父母的肯定而持续坚持要求自己。

亲爱的圆圆：

今天是你开学的第一天，但你已经马上调整状态按点起床。真为你的自律感到骄傲与自豪，妈妈送你上学的内心都是甜滋滋的，看着你步入校园的背影是幸福的。

（二）二个小须知

一年级开学前我就与圆圆订立了两个小须知。

第一个须知是她的书包由她自己收拾，每天上学应该带什么由她自己决定，如果漏了东西没带是她自己的责任，爸爸妈妈都要上班，没有人能够给她送。

事实上，只要一开始定好规矩，孩子就会自己规划、自己思考要带什么。我们从来没有帮她削过铅笔、准备过文具盒，上学所有要带的东西都是她自己负责准备及收拾的。当然，也会有忘记带东西的时候，圆圆唯一忘带东西的一次应该是一二年级的时候。有一次，我在外面开会的时候接到了圆圆的电话，她说语文作业本忘记带了，请妈妈帮忙给她送到学校，她要交作业。我当时就婉拒了她，告诉她爸爸妈妈在上班，不方便离开工作岗位，她因为自己的原因忘记带了，就要自己负责任。我建议她主动向老师汇报及检讨自己忘记带作业本的事情，并保证作业已完成，明天再给老师补交检查，只要态度诚恳，加上平时的良好表现，老师也不会随意批评的。放学回家后我问她这件事情处理得怎样，老师有没有批评。圆圆说没有，老师让她明天交就行。这件事情后也再没有发生过类似的事情，因为她明白自己的事情自己要负责，所以会更加仔细检查，不会随意对待，同时也培养了她勇于自己想办法解决问题的习惯。

另一个须知是她需要在晚饭前完成作业，并且作业的检查及对错由自己负责，家长只负责签名，不负责对错，错了要自己负责并且要请教老师及时纠正。如果晚饭前没完成作业，除非有特殊原因，否则就不用做了，第二天自己去跟老师道歉并解释没有完成作业的原因。因为每天晚上8—9点是她的练琴时间，所以我就把作业完成时间定在了晚饭前。很多时候孩子之所以写作业时间长，大部分原因是边写边玩，不一心一意，导致写作业的效率不高。为什么考试时写字会比较快？因为考试是有时间限制的，那为什么写作业就不应该有时间限制呢？要让孩子养成紧迫高效感，否则拖拉的习惯一旦养成，到了初中突然多了很多门课程，孩子就难以应付。

（三）三个小问题

在圆圆上小学后，每天回家我们都会通过问问题的方式了解她在学校的情况，一起谈论学校生活。这样能让我们更多地了解她在学校的情况，当我们表现得对她在学校发生的事情很感兴趣，会让她感觉到自豪与幸福，这会对孩子在学校的表现及行为产生非常积极的影响，当她对学校的兴趣减少或遇到问题时，我们也可以及时了解并提供帮助。

谈论在学校学习和生活的问题，例如学校课程和与老师同学们的沟通问题，也是我们表达家庭价值观的绝佳机会，例如同学们之间相处、合作、互助等人际关系的处理，还有应该如何尊重老师及同学等。潜移默化的影响比遇到问题后的说教更有效，也更容易让孩子接受。

所以，每天当我们与孩子交流时，我们都会问她三个小问题：

第一个小问题：今天有什么开心的事情与我们分享吗？为什么要问这个问题？因为想让孩子感觉上学是开心的，在学校会有很多开心的事情发生。当她每天与家长分享她上学时的趣事，她会看到父母也是快乐开心的，她也愿意寻找更多的趣事分享。没有人会愿意每天到一个不开心的地方去，所以我们就必须引导及帮助孩子寻找在学校开心的事情。

第二个小问题：今天有举手发言吗？这个问题我与很多家长交流过，他们都会问孩子这个问题，只是大部分只会问孩子今天是否有认真听课。其实目的都是一样，希望了解孩子上课是否专注。但是认真是个形容词，怎样才算是认真？孩子一般难以自评，所以通常就会回答有认真听课。但举手是一个动词，孩子比较容易判断，如果孩子有举手发言，证明他是认真上课的，因为没有哪个不认真的人敢举手发言。如果没有举手，我们就要及时了解原因，是什么让孩子没有举手，是不懂还是没认真听课？如果我们每天都鼓励孩子举手发言，除了能让孩子上课专心，还能提高他的语言表达能力、当众表达的勇气及信心。但这个问题一般也只能问到四年级，因为这个年龄阶段的孩子自我意识觉醒，如果再问他这个问题他通常都不会再愿意回答了。

48

第三个小问题：有什么事情需要我们帮忙的？问这个问题的目的是担心孩子在学校遇到自己解决不了的问题，如校园暴力、不公正对待等等，但又不敢主动说出来。所以我每天都会问这个问题，虽然基本上都不需要，但也不敢不问，万一就需要了呢？要让孩子感觉父母是他最坚实的后盾，有什么自己解决不了的事情都有家人依靠、帮助。

（四）四个小肯定

○ 你们学校是我们区最优秀的学校。
○ 你们的校长是全区最优秀的校长。
○ 你们的班主任是全校最优秀的老师。
○ 你会是全校最优秀的学生。

在圆圆入学的第一天我就告诉她，她在最好的学校上学，拥有最好的老师、校长，所以相信她一定能成为最优秀的学生。什么是最好？最好在你的心中，现在都是就近入学，你觉得最好那就是最好了。除非孩子明天就要转学，否则到今天都不能在孩子面前说学校或老师半句不好，否则当我们质疑孩子为什么没学好、成绩这么差时，假如孩子反问我们为什么不把他送到最好的学校，我们该怎么回答？

圆圆第一天上学我就对她说，她会是全校最优秀的学生，其实当时我也不知道她能否读好书、成绩是否会好、有没有学习的天赋、我只是觉得她是我的孩子，如果我都不鼓励她、肯定她，还会有谁给她鼓励？在二年级时我又跟她说，她会是全校最优秀的学生，她害羞地低着头说："妈妈不是的，还有很多同学比我优秀，我并不是全校最优秀的。"我当时的回答是："那只是暂时的，很快你就是最优秀的了，在妈妈的眼中，你就是全校最优秀的学生。"通过我对她不断地肯定，在小学毕业时她就真的成了全校最优秀的学生。

我相信妈妈的愿力与孩子的能力是成正比的，当我们总认为孩子一定行并持之以恒地鼓励他、相信他、期许他，他就真的行了。

二、自我驱动三体现

现在的家长都很焦虑，担心孩子做不好、担心孩子辛苦、担心孩子不会安排、担心孩子会吃亏……仿佛不帮助孩子做好一切就不放心，就是失职了。但不知道大家有没有发现，正是家长这种尽力尽职的行为，让越来越多的孩子缺少了内驱力。养成内驱力最关键的是能从小唤醒孩子，让他们意识到自己是自己的主人。

从小追着孩子喂饭的，长大后就盯着孩子做作业；从小事无巨细安排孩子玩什么的，长大后就帮孩子安排学校、就业以及婚姻。从小到大被安排好、被督促长大的孩子，自然就不会有动力主动找事干，更加不会去想自己到底想要干什么，反正这一切都会有人告诉他们，唯独不是自己想明白。

所以我一直在告诫自己，要控制好自己，不要过度关注及保护，做一个"懒"妈妈，用爱陪伴、用语言鼓励、用制度约束、用行动支持，还孩子一个自主、独立的成长空间。

（一）凡事引导积极正向思维

很多研究都表明，积极乐观的心态会获得更高质量的生活，还有一项针对优秀人士的研究显示，积极乐观的态度是这些成功者思维模式的组成部分，也就是说，拥有积极乐观思维的人，有更好的创造能力，会专注未来的思考，把别人认为是问题的事情当成是自己的机会。

孩子的成长过程是不可能一帆风顺、事事如意的，当遇到劣势或困难挫折时，为了让圆圆保持积极乐观和坚强勇敢的精神，我们通常都引导她往正面积极的方向去思考，把别人觉得是劣势的事情变成自己的优势。下面是我们引导孩子积极正向的几个场景。

1. 上学的座位

有报道说，家长过度干预老师工作的行为存在于很多方面，排第一的竟然是学生的座位安排，占比 48.47%，可见孩子在教室坐哪个位置是家长关注的焦点。

圆圆整个小学的大部分时间都是坐最后一排的，她一年级时也曾向我提过，她周围的同学都比较调皮不听话。我对她说："圆圆，你知道为什么老师把你调到最后一排吗？除了你长得比较高，最重要的还因为你是你们班里最优秀的学生，老师对你的能力是最认可的，也是最放心的。相信老师是希望能通过你影响到周围的同学，让他们变得爱学习、守纪律，老师用心良苦，你应该要感谢老师并努力做好。"

事实证明，观念改变，行动就会改变，圆圆一直都在利用自己的能力去正面影响周围的同学，最后还变成了同学们眼中的"大姐大"。当孩子积极正面、心怀感激去看待这件表面上是劣势的事情的时候，原来的劣势就会变成优势，她也会因此而变得自信、快乐、全力以赴及以身作则。

我们先不要考虑孩子是否有此能力，要相信我们的孩子，孩子的潜力是无限的，孩子有自己的方法，我们只需要正面引导他并相信他就行。

2. 一直与转学生同桌

在圆圆六年的小学生涯中，班里所有的转学生都曾与她同桌。在她读一年级的时候，有一天，她告诉我班里有一个转学来的同学，但是同学们都不愿意与他同桌，已换了几次座位了。我估计可能是家长们担心新同学的学习进度不一样而影响了自己孩子的学习。

我对圆圆说："明天你回学校主动向老师提出让新同学与你同桌吧。""为什么？""因为我们圆圆是班长呀！你有服务同学们的义务，你要尽快带领新同学熟悉校园环境，并提醒他一些注意事项，帮助新同学跟上学习的节奏，你要成为新同学在学校暂时的依靠，我相信圆圆班长一定能做得很好。"

表面上看，家长觉得新同学会影响自己孩子的学习，但是从深层次去思考，这是一个多么好的锻炼孩子的机会。对于一个才一年级的学生来说，当她觉得自己有能力帮助别人时，这本身就已是一件很了不起的事情，孩子会对自己的能力信心大增，未来她会更积极勇敢地接受新事物的挑战。

3. 竞选大队长

从三年级起，圆圆每年都被班里推荐去参加学校的大队长竞选，连续四年屡战屡败，却又屡败屡战，最终还是没被选上。圆圆后来有些负面情绪了，认为是因为级主任与家长有私交，所以偏心了。

我对她说："你觉得这几年你有收获吗？每次写竞选稿、上台竞选你是否进步了很多？稿子写得越来越好了，竞选的台风越来越有激情了。至于你说的大队长，你觉得与你现在当的中队长有什么区别？"她说好像也没有，反而担任中队长需要做的学校的工作还比较多，那就是收获了。老师一直在给机会检验你、磨炼你，意气风发不在一时，持续奋斗才是英雄。

到了中学，圆圆依然斗志昂扬，自信勇敢地参加各种竞选。正是她小学的竞选，为她初中顺利竞选团支书、高中竞选学生会代表积累了宝贵的经验。

如果我们做家长的不正面引导，当孩子有不公平的情绪了，以后就不参与或不积极面对学校的活动，最终损失的是谁？是孩子自己。而最可怕的是，孩子这种观念会伴随他成长，不只是在学校，未来面对社会也一样。谁都会遇到不好的事情，但每个人的反应不同，就是因为不同的人选择了不同的想法，所以结果不一样。

周围环境会对人产生影响，反过来，人也能影响周围的人和事。在生活中，我们会遇到什么样的人和事？很多时候我们个人是无法左右的，但无论遇到什么，对于孩子，我们都应尽可能地把事情往正面积极的方向去引导，让孩子习惯把自己遇到的劣势都化为优势。

告诉孩子：不必等待阳光，你本身就是太阳！

（二）不陪伴做作业

圆圆上学第一天，我就与她沟通好，父母的责任是努力工作赚钱养家，她的责任是努力读书取得好成绩。完成作业是她自己应该独立完成的事情，就如父母的工作也需要自己处理好一样，应该各自努力，不用家人担忧。

我们只负责在作业本上签名，但不负责对错，对错这个问题应该由自己负责，所以我们基本不会监督孩子做作业。一开始我们就定好了做作业的时间段，之后严格执行，如果不按规定来做就给予相应的惩罚，比如错过了做作业的时间段就不允许再做，没完成明天等着回学校接受老师的批评，或者减少玩的时间，坚持原则，不随意变化。

孩子都是很聪明的，很多时候都会试探家长的底线，如果他知道父母比他还紧张他的作业，他就不会上心，等家长提醒、催促，做得马虎也不怕，因为有家长帮他检查。慢慢地，孩子本应是主动学习的就会变成被动的，好像是为了父母而学习一样，长久下去影响的除了成绩，还有自律、坚持、自信、责任感等品质。

所以，从一开始我们就做好责任分工，圆圆要自己承担自己的事情，除非她主动请求帮助，否则我们绝不出手，宁愿她做错了接受老师或家长狠狠地批评，也不会喋喋不休地提醒并监督她完成。

父母长期的唠叨会一点一点地耗尽孩子的内驱力，让孩子变得拖延、懒惰、懈怠。因此，我们在生活中一定要尽量减少唠叨说教，长话短说，引导孩子懂得为自己负责，明白学习是自己的事，而不应该由家长天天操心。有一种爱叫放手，不放手的父母养不出有出息的孩子，因为孩子的未来必须由他们自己去走。

（三）培养自学能力

自学能力，是指在没有教师和其他人帮助的情况下自我学习的能力。联合国教科文组织在《学会生存》一书中曾指出："未来的文盲不是不识字的人，而是没有学会怎样学习的人。"

当今的社会更新迭代太快了，现在学到的新知识可能过几年就会淘汰更新。对于孩子来说，未来能不能在优胜劣汰的信息大爆炸时代轻松驾驭知识，不是现在他学到了多少，而是未来他自主学习的能力有多强。所以，把学习的责任交给孩子、培养孩子的自学力是非常重要的。

我在圆圆读小学四年级时意识到自学力的重要性。为了检验她的自学能力，我们在她五年级期末考试前安排了一次16天的西藏旅行。在与圆圆沟通旅行计划时，我已经明确告诉她，她可以自行决定是否要请假跟随我们去旅行，但如果决定去，就需要在旅程中自己抽时间安排自学，并且不能因为学习而影响到我们既定的旅程。最后她同意了，我们达成共识，如果本次旅行回来她的期末考试成绩下降了，下次的旅行我们会谨慎考虑是否会再带她去。

我当时的想法是：她现在还是小学生，试错的成本还不高，如果发现她自学能力欠缺，至少还有改正的时间及机会，以后可针对性地帮助她解决。也因为作出了承诺，圆圆一路上都会见缝插针地争取学习的时间，在飞机上、火车中、休息时学习。最有规律的学习时间是每天清晨6—8点，因为我们通常8点多就准备出发，所以她基本上是每天6点自己悄悄起床开台灯学习的。

最后也证实了，当你把目标、损失、选择权交给孩子，当他真正明白什么是他想要的，他内心就会产生内驱力。为了再次肯定及检验圆圆的自学力，在她读初一时，我们又在期末考试前安排了一场15天的旅行，这次她的考试成绩同样完全没有受影响，相信她已经养成了无须别人提醒的自律及无须别人帮助的自学思维。相信这种能力会为她赢得美好的未来。

我一直认为：父母要帮助孩子的不仅仅是当下的学习成绩，还要帮助孩子看到自己的未来，帮助孩子在小学阶段养成良好的学习及生活习惯！

CHAPTER 5

第五章 ————

养成好习惯，教育就是一个习惯培养的过程

　　教育家陶行知先生曾经说过："积千累万，不如养个好习惯。" 可见习惯是何等重要。我认为，作为父母，教育好孩子是第一责任，而教育好孩子的第一任务就是培养孩子的良好习惯。儿时养成的良好习惯对本人的一生具有决定性的意义，好习惯就像一条火车轨道，一旦铺设成功了，就可以按轨道走向人生的高处。孩子养成的所有好习惯，都是一条条火车道，一旦进入轨道，孩子便会不由自主地依轨道顺利前行。

好习惯一：坚持，孩子的坚持来自父母的坚持

杨绛先生说过："有些人之所以不断成长，是因为有一种坚持下去的力量。"

我一直认为，孩子如果能够做到坚持不懈，就能超过大多数的人，因为现在大部分能做成功的事情还轮不到拼智商，拼的只是毅力及坚持。我们不要想孩子能不能坚持，而应该问我们自己能不能坚持。当你相信你自己是能够坚持的，那么孩子就一定能够坚持。

圆圆从小的名言是"妈妈说这个世界没有失败者，只有放弃者，只要付出坚持不懈的努力就一定能成功的"。这句妈妈名言一直陪伴着她成长，当遇到有人质疑她行不行的时候，她就会把这句名言送给别人。

记得她三岁半时看到别的姐姐拉小提琴，就不断问我能否也让她学小提琴。但那时根本没有老师会收这么小的学生，朋友介绍了当时在星海音乐学院读小提琴教育专业的周老师。我们带她请周老师面试时，周老师问她："学小提琴是很辛苦的，你怕辛苦吗？能坚持吗？"她马上大声对周老师说："我不怕辛苦，妈妈说：这个世界没有失败者，只有放弃者，只要付出坚持不懈的努力就一定能成功的。我会坚持的，不会放弃的。"这坚决的态度逗得周老师都笑了，其实可能她还不是很明白这句话的含义，只是讲多了，她自己也相信了。

事实上，这句话的作用很大，支撑着她做事情坚持到底，不会随便放弃。当她决定了学小提琴后，我们规划了每天晚上 8—9 点是练琴时间，半年内需要妈妈陪练、监督及帮助托琴，半年后慢慢开始养成习惯，只需要提醒一下。一年后，如果到点不练琴，她就会觉得不自在，有犯错的感觉。直至她被牛津大学录取了，暑假时，家里仍然是晚上 8 点准时就能听到琴声，9 点结束。15 年的习惯已融入了她的日常生活中，所谓勉强成习惯、习惯成自然。

但在养成习惯的过程中会有无数的困难，有无数次想放弃或更改计划，我总结了能够坚持下去的要点：

1. 不要树太高的目标，让孩子能享受每个小目标达成的喜悦，要时刻以赞赏的眼光及语言来表达她做得很好，且相信她会越来越好。

2. 不断创造让她坚持下去的理由及环境，如不断地给她写鼓励信，或通过他人的语言来表达对她的欣赏，也可以经常在家开音乐会。音乐会的观众其实也只是家里几个人，但要持续创造一些能让她坚持下去的小点子。

3. 守住底线，孩子的坚持一定来自父母的坚持，偶尔可放松一下当作奖励，但只是偶尔，一定要按已定下的规矩执行，不能随意变更，让孩子知道你是认真的，你的底线就是坚持。

一件事情只要坚持的时间足够长，就会变成习惯，原本需要外力驱动的事情就已变成内在行为。坚持是一种习惯，放弃也是一种习惯，从小就要求孩子凡事都要坚持，她的脑海里就没有放弃的习惯，当遇到困难、阻力的时候，她能想到的一定是想办法克服、解决，而非放弃。

好习惯二：阅读，让书本成为孩子最好的朋友

俄罗斯的谢尔盖·米哈尔科夫曾说，无论孩子们的家庭和学校生活多么有趣，可是如果不去阅读一些美好、有趣和珍贵的书，就像被夺去了童年最可贵的财富一样，其损失将是不可弥补的。

书中世界广阔无限，充满想象、好奇与机遇。不论现实世界如何狭隘枯燥，爱阅读的孩子都会理想远大，梦想无穷，创意无限。在阅读过程中积累的知识故事、大量词汇、丰富多彩的语言表达形式，都将成为孩子写作的素材和借鉴的范例。常言道："读书破万卷，下笔如有神。"想要做到出口成章，阅读是最基础、最重要、最直接、最有效的手段。

书本可以成为孩子最好的朋友，所以在圆圆的房间里最多的是书，她自主支配的花费最多的是买书，在她收到的礼

物中最多的也是书，她每天花时间最多的就是看课外书。因为小孩子的生活空间相对较窄，阅读就能拓宽她的精神空间，只要一书在手，就可进行千里之外的游历、百年之遥的对话。

| 读什么？经典童话、中外名著！ |

我们读书以经典名著为主。在圆圆学习语言的起始阶段，我们就开始每天给她朗读经典童话故事，因为经过时间淘洗的经典本身文笔很好，而且很有启发性，个中道理很多。在圆圆成长过程中，每当遇到困难，她就会想象童话故事里的主人公，如《假如给我三天光明》的海伦，即使双目失明、双耳失聪依然心怀梦想，自强不息。自己是健全的，怎能不努力学习？岂可因一点儿小挫折就轻易放弃？

经典名著会让孩子在边读边理解的过程中，培养批判性思维、独立思考、跳出日常思维束缚的能力，这种探索未知知识的勇气，可以让孩子的人生变得不平凡，从阅读中看见常人所未见的风景，勇于去探索未知，敢于克服困难，也能教会孩子不畏惧自己的渺小，勇敢自信地做自己，并相信善待他人终将收获美好。

这种来自经典著作的激励，可以在潜移默化中强化孩子的意志，塑造孩子正面积极的三观。长大后阅读经典名著还会让孩子在写作时下意识地从中借鉴，找到写作文的窍门。但如果一开始就追求阅读的通俗化，如一直只看绘本、漫画、网络短文，会使孩子的智力和情感一直停留在"低龄"的水平，不再愿意花精力去看篇幅较长、相对难懂的经典作品。

| 怎样读？做充满激情的"朗读者" |

在圆圆上学前，我们都在做充满激情的"朗读者"，每天晚上睡前都有半个小时的讲故事时间。父母的声音对孩子来说是最动听的，用孩子听得懂的语言、喜欢听的语气朗读经典童话故事，可以大大提升孩子的记忆力、想象力。我记得在圆圆五岁左右，有一段时间她特别喜欢听《灰姑娘》这个童话，每天都要求我们读这一篇，持续了一周后，她说要由她来读，而且读得一字不差。我当时还在想，她怎么还没学字就会认字了，是天才吗？当她读完后，我指着其中一段请她再读给我听，她却没有办法再读了，我就明白原来她是靠记忆来朗读的，事实上并不认字。所以，我们给孩子讲故事最好就是读故事，不要自己编故事，因为随口编的故事每一次讲都会不一样，这会给孩子的记忆造成混乱。每一本经典著作都藏着我们想要教给孩子的人生哲理，如果光靠说教，孩子并不会愿意接受，但通过阅读就能潜移默化地接受，比我们说教要深刻、有效得多，给孩子说道理不如讲故事。

| 怎样读？做专注认真的"听书人" |

当圆圆读一年级开始认字后，就由她来讲故事，我们做专注的"听书人"。虽然她会读得很慢，还有很多字不认识，

需要不停地问这字怎么读，但听书考验的就是耐性，无数次我都有把书抢过来自己快点读完让她赶紧睡觉的想法，但这就是她成长的过程，所以一定要控制并表现得认真专注。在你赞赏的目光及语言下，孩子的进步会很快，阅读速度会越来越快，表达能力会越来越强，很快，孩子不需要你听就已经能找到阅读的乐趣，但通过你坚持做"朗读者"及"听书人"，已帮助孩子养成了阅读特别是阅读经典著作的习惯及能力。

| 怎样做？出门前请帮孩子带本书 |

有很多家长都提到自己的孩子现在不喜欢看书，只喜欢玩电子产品，我问家长："你平时带孩子外出会提醒或帮助孩子带一个玩具，或一盒画笔一本画本，或一本书吗？"很多家长的答案都是：没有！

所以，现在我们在外面经常见到的是家长在聊天，孩子在用手机看动画片或在打游戏，而当初可能只是因为孩子实在太无聊吵着要走，家长为了安抚就把手机塞给孩子，好让孩子能安静下来。但当家长办完自己的事情后，又一把从孩子手上抢回了手机再来一句"你就只知道玩手机，眼睛要近视了"。

但是当孩子从小就习惯了看五彩缤纷、丰富多彩、生动有趣的电子产品，他还怎么能安下心来看字阅读？对于还没养成阅读习惯的小孩子来说，电子产品中的视频、游戏一定会比枯燥的书籍更有吸引力，所以我们只能避免让孩子太早接触电子产品，必须用时也需要限时限条件。

我们很多时候带孩子出外都不一定能用全部时间陪伴孩子，所以一定要从孩子的角度去思考。试想一下，当我们与朋友交谈聊天或办事等待时，孩子能像大人一样安静地坐着吗？除非是孩子发高烧或生病了，否则这是根本不可能办到的事情。我们可以根据孩子的年龄给他带上一些适合的物品，如手摇铃、毛绒玩具、乐高、积木、小汽车、画笔画册、书籍等等。在每一次带圆圆外出时，我总会思考要给她带些什么物品，才能在我办事情时她能玩自己的而不至于影响我。直至她上初中、高中了，每次出门前我还会习惯问一句："你带书了吗？带 kindle 了吗？"

所有家长都知道不能让孩子过多地玩电子产品，但是在忙碌的时候、搞不定的时候、嫌孩子烦的时候，都会让孩子看电视或玩手机，而当孩子出现问题的时候，我们就会责怪是电子产品惹的祸。但如果有人愿意全心陪伴孩子，给他讲故事、跟他做游戏，他不一定就只会看手机。

最重要的是先问问我们自己能否做到：拿走孩子身边的电子产品，用自己全身心的陪伴孩子去取代电子产品。

早几天与在牛津的圆圆通电话交流时提到阅读这个话题，她说她现在课余时，相对于现在流行的看短视频，还是更喜欢看书，因为书籍会更有营养、更有趣，可能这就是习惯。

世界万物丰富多彩，人类的世界很大，个人的空间却很小。成年人可以有很多的途径丰富自己的生活，但作为小孩子，他的世界需要家长们来丰富。如果我们没有更多的时间和能力，最直接的帮助就是给孩子足够的书籍，来开阔他的视野，丰富他的生活，增长他的学习能力。

好习惯三：自律，我的时间我安排，我的事情我负责

美国杰出的心理医生 M. 斯科特·派克在《少有人走的路：心智成熟的旅程》中有一句话："自律是解决人生问题最主要的工具，也是消除人生痛苦最重要的方法。" 其含义就是：每个人的人生高度、快乐度都与自律密切相关。但对于孩子来说，自律并非天生的，是需要后天培养的。

在圆圆小学三年级时我送了《孩子别急着吃棉花糖》这本书给她，并与她一起做了个棉花糖实验。这本书对她的影响很大，让她明白自控力、自我管理能力对人生的影响。

书中主要的内容是：参加过斯坦福大学棉花糖实验的爸爸乔纳森，告诉孩子怎样通过"延迟享乐"学会管理自己，变得自信、快乐、热爱学习，养成受益一生的好习惯。

乔纳森爸爸把这个棉花糖实验的调查结果告诉了女儿：

"十五分钟内忍住没吃棉花糖的那些小朋友长大后大都比较成功，学习成绩比较优秀，人际关系也处理得比较好，而且比较懂得控制情绪。而那些没能忍耐到最后的小朋友，在这些方面的表现就没那么好。"

这个实验得出的最终结论是：不容易受诱惑、安于等待的小朋友，长大后在各方面的表现都比较出色。能否忍住十五分钟，两者之间就有这么大的差异！自控力与专注力同样重要，没有良好的自我控制、自我管理的能力，人很难完成自己设下的目标。

也因为有这本书作铺垫，不需对她做观念的转变，只需要帮助她养成自律的习惯就行。

我总结了对圆圆养成自律习惯有帮助的三个方面：

（一）榜样的力量

专家说七岁前孩子都是一个观察者，所以我们经常会惊讶，这个从没有教过孩子，怎么孩子就会了呢？其实他就是通过观察学到的，所以孩子身边的人会对孩子有很大的影响。而作为与孩子沟通最密切的父母，有时只需要做好榜样，当一面镜子，我们的孩子通过观察我们就会找到自己的模样。以身作则、做一个懂得自律的父母，才能养出一个真正自觉的孩子。

除了以身作则，我们也可以经常找与孩子有共同点的榜样，比如孩子的班长很优秀，我们不能简单地说你看你们的班长这么优秀，你就不能学一下他？你应该向你们的班长学习！这种要向别的孩子学习、别人家孩子好的说法是孩子最反感的。原来孩子还会学习优秀的人，但经家长这样一说就会变成讨厌，还会故意不学，甚至连家长赞美的孩子都会讨厌。因为人性都是自我的，特别是小孩子，他会认为你不喜欢他，你喜欢的是别的孩子，他不高兴了。但事实上，有很多同龄人是值得孩子学习的，我通常会这样说："我发现原来你们的班长与你都是 4 月份生日，这个月份出生的孩子都很优秀、很有学习天赋，所以我觉得你很快也会一样。你可以请教一下他的学习方法，我觉得你们是有共同点的。原来你与你们的数学课代表都一样很喜欢看书，我觉得爱阅读的孩子数学都能学得很好的，所以我相信，通过你的努力，你的数学成绩一定会越来越好，请你相信你自己。"

有一段时间，我会把作家刘墉的女儿作为圆圆的榜样，因为她也是从小练小提琴，后来还考上了哥伦比亚大学，我会这样说："你看这个姐姐与你一样是学小提琴的，她对学习很有方法，成绩也特别棒，我觉得你跟她一样，都是从小就学小提琴的，未来一定也会特别出色。"

榜样教育对孩子的成长会比说教更有效，因为孩子会在榜样中寻找自己将来的影子，并会从榜样的身上找到自己所需要的精神力量及达标方法。所以我们作为父母，需要以身作则，还需要不断找孩子身边的榜样、一些名人的榜样，榜样的力量是无穷的。

（二）帮助孩子认识和管理时间

别让孩子忘了时间。孩子基本是没有时间这个观念的，所以在做作业时发呆也会发 10 分钟，玩块橡皮也玩 30 分钟，放个假一天就乱了，看电视可以看几个小时，打游戏又会打几个小时。

我在圆圆一年级第一次放寒假的第一天就发现了她时间管理完全乱套的问题，解决的方法是教会她做时间日程表，让她从睁开眼睛开始至晚上闭眼睡觉，把自己一天几点做什么、做什么大概需要多少时间全部记录下来。这样就知道大概每天做什么需花多长时间，然后协助孩子合理安排时间及做好计划，养成什么时间做什么事情的习惯。专注完成、提高效率，完成了就做下一件事情，如果在计划的时间内快速完成了，就多了自由支配的时间，自己想玩什么都行。

在做时间日程表的时候，我们也要尊重孩子自己的想法，他安排玩的就让他玩，不能全部按家长的要求，否则就失去了自我时间管理的意义，失去了对做日程表的兴趣。

下图是孩子初一自己做的日程表，她从小学一年级就开始做，已养成习惯，从开始要思考半天才能做出来，到随手拿张废纸 10 分钟就安排好了，也养成了放假自己不做一下时间规划都不舒服的习惯。

要想不让孩子忘了时间，还有个更好的方法就是交给闹钟。有很多家长都很勤劳负责，什么事情都要亲力亲为，不断帮助孩子、提醒孩子，让孩子放心地依赖，但我通常建议圆圆把这个工作交给闹钟，如果圆圆对我说"妈妈，你稍后记得提醒我"，我就会回答："你最好定闹钟提醒你，因为妈妈也会不记得，对于时间的提醒，闹钟比妈妈专业可靠。"

反复几次拒绝后，圆圆基本上就很少要求我提醒她了，但我也从没有见过她迟到或者忘了什么事情，我也不知道她用的什么方法，直至高二我们陪她去香港考雅思。考试地点就在酒店旁边，她是自己去的，考试时间是早上的9点。当第一次闹钟铃响她醒来后，每隔5或10分钟闹钟就会又响一次，共响了四五遍。我们不解，就问她都醒了为什么闹钟还是一直响。圆圆告诉我们，闹钟第一次响是她要起床了，第二次响是她要完成好洗漱穿衣等事，第三次响是她要吃好早餐了，第四次响是她要收拾好东西准备出门了，第五次闹钟响是必须要出门了，因为本次考试是一件比较重要的事情，她一定要确保自己能准时到达，而且不能匆忙有错漏，所以调了几次闹钟来提醒自己。说完就出门了。她出门了我的思绪还定格在她的话中，我也没想到小时候对她说把时间管理交给闹钟会对她有这么大影响。

但也正因为她懂得了时间的管理，提高了学习效率，不依赖任何人的自律，才会在学习上独立自主，成为自己人生的主人。

（三）学会列事项清单

很多孩子会经常丢三落四，书包的东西没收拾全，要求带的东西又会少一样，等等。最好的办法就是教会他列清单。其实任何事情都可以列清单（文具清单、作业清单、阅读清单、家务清单、购物清单、旅游清单……）。当她在列清单时就会思考，减少了错漏的概率，还可以提高效率、节省时间，因为列好后跟着做就行了。当然，一开始你要教会她怎么列，慢慢地，她自己就会了。当我们一家人去旅行时，我通常提前给每人下发一张空白的衣食住行的旅游清单，大家把自己每天穿哪套衣服、随身带的物品清单等列出来，没有的就赶快先准备，到出发前对着清单收拾就行了，这样就会减少错漏。家长就不用老问东西都带齐了吗、有没有漏什么等等，就可以做一个酷酷的不唠叨的家长。

　　这是圆圆读四年级时一次春游前列的清单，之前的清单她还要标明谁负责哪项，但经过几年的磨合，她已默认除了吃的由家长负责，其他的都由她自己负责。自从养成了列清单这个习惯，基本上很少出现漏东西的现象。

　　如果孩子从小没有养成良好的习惯，没有体会到自律带来的自由，时间长了，就会习惯懒散、拖延。不要指望孩子随着成长自然就懂得坚持自律，一开始都需要父母引导和监督，先他律后自律。

旅游清单

品名	数量	是否完成
寿司卷	一盒饭	
烤鸡翅	六只	
矿泉水	两瓶	
纸巾	一包	
旧报纸	两张	
塑料袋	两个	
三明治(火腿肉,生菜,面包)	8份	
笔记本	一本	
笔盒	一个	
书	一本	
糖果	一小包(10粒)	

CHAPTER 6

第六章 ————

规划成长路径，升学阶段的沟通十分必要

一、幼升小的选择权

我们可以把选择权交给孩子，让孩子体验靠自己努力而获得成功的感觉。

由于我们夫妻工作的原因，圆圆 1 岁半就要入托班，当时为了选她自己喜欢的托儿学校，我们带着她把附近有设托班的幼儿园都走了一遍，有的还没到门口就说不去，有的在门口围栏看一眼就不肯进去，有的进去了马上就哭，拉着手要走，直至找到她进去后就能马上开心地玩起来的一家。虽

然这不是我们心目中的好学校，但是她喜欢，最后经过她同意以后她就在这里上学了。

3岁后，她达到了去家附近正规幼儿园入学的年龄，但她不同意转园。我们跟她说："新的幼儿园不是所有的孩子都能随便上的，要让老师看过孩子的表现才能决定是否能上。我们明天只是去看一下幼儿园好不好玩，顺便也看一下新学校的老师是怎样的。"她这才同意去看看。我们马上与新幼儿园的老师沟通交代，提前告知孩子的情况及喜好。当带着圆圆去新幼儿园时，老师们对她亲切和蔼，笑容甜美，并热情地带她去幼儿园的游乐场玩。

回到家我对她说："恭喜你，你刚才在幼儿园的表现非常棒，老师们都觉得你是一个聪明、有礼貌的孩子，你的面试通过了，所以我要恭喜你，但你可以选择是去还是不去。"最后，她被漂亮的游乐场及热情的老师吸引了，而且对靠自己的努力得到的入学资格感觉很骄傲，最后同意了转园并且在新幼儿园一直表现优秀。因为这是她自己的选择，她一直认为是通过自己的努力获得的入学资格，所以她对自己很有信心。

圆圆的小学入学一开始非常不顺利。原本我们已接到了一家本区很好的实验小学的电话，通知我们家对应的小学是他们学校，让我们准备资料在规定时间内办理入学手续。一家人都很高兴，结果一周后对方说弄错了，根据当年的划分政策，我们属于另外一个学校（在全区来说比较差）。这个乌龙也让圆圆有点为她自己的上学问题担忧，一度担心她要去不好的小学上学。

后来我们决定另选学校。我们对圆圆说现在还有机会补救，带她去另外两所很好的学校面试，但能否成功被录取就全靠她自己的表现了。经面试，她被其中一所学校录取了，因此她的自信心大增，她体会到通过自己努力而获得成功的喜悦感觉。入学后，她努力学习，认真上课，积极发言，喜欢及争取被认可、被表扬的这种美好感觉。

虽然现在基于公平，义务教育阶段都是按学区或摇号录取，无论是幼儿园还是小学或初中，学校可能已不再需要考试或面试，但是家长可以自己创造这样的机会，比如认真地告诉孩子他准备要上幼儿园或小学了，学校需要对他进行线上面试，我们需要在哪个时间点给他录面试视频，内容大概会是什么，请准备好。录了视频之后可以告诉他，通过他的优秀表现，他的面试已通过，顺利被学校录取了，恭喜他！或者告诉他："学校看过你的表现，觉得你未来会是一个最优秀的小学生，我们也对你很有信心。"

孩子是否体验过成功的喜悦，将直接影响孩子学习的动力，所以我们要努力为孩子创造"成功"的机会，让孩子体验成功，这样可以提高孩子学习的积极性和争取成功的信心，从而培养学生的自主学习意识。

其实，孩子从幼儿园步入小学，是他身心发展的一次重大转折，对孩子和家长来说，都是一次考验。

（一）在心理方面

我们要让孩子觉得他很了不起，顺利通过入学面试，还要恭喜他快要成为小学生了，当一名小学生是很自豪的事。在日常与孩子谈话时，可以有意识地聊一聊当小学生的感觉及学校的事情，告诉孩子上学的种种好处，比如可以认识很多新朋友，学到很多的新知识，进行很多体育运动，等等。

多鼓励、赞赏孩子，并由衷地祝贺孩子长大了，比如说："今天你帮妈妈扫的地真干净，真像一名优秀的小学生！"让孩子对自己充满自信，感受到成长的自豪，从而产生羡慕小学生、向往小学生活的情感。入学前，还可以带着孩子参观一下即将就读的小学，这样入学后孩子的陌生感就不会太强烈。

（二）在生理方面

小学的学习强度要比幼儿园大，特别是上课时间，对孩子来说，坚持坐够45分钟并要全程专注听老师讲课有一定的挑战性。为此，家长在孩子入学前，可以与孩子一起做一下模拟课堂，让孩子提前明白上课的时长及状态。

要想孩子上课注意力能集中，最关键的是要保证孩子的睡眠时间，其他如营养、健康等问题其实现在孩子比较少有，最重要的一定是保证睡眠充足。

教育部印发的《关于进一步加强中小学生睡眠管理工作的通知》，明确要求学生睡眠时间，小学生每天睡眠时间应达到 10 小时。如果长期睡眠不足，则大脑供氧不足，学习成绩难以提高，对孩子的正常成长及身体的健康都有很大影响。

（三）在学习环境方面

孩子在学校里有固定的座位，在座位上的任务就是学习；因此在家里，孩子也应当有个固定的地方学习，可以是房间的一个角落或单独一个小书房。最重要的是安静、简洁（根据我的观察及总结，孩子的书桌不宜对着窗户，这会影响孩子的专注力，最好是面对墙壁，利于孩子心无杂念）。固定学习的地方，其主要作用是让孩子每当在书桌前坐下来时，便条件反射般地想到学习而非其他。

二、小升初的沟通

小学升初中对于孩子来说是一个转折点，这是一个学业节点，因为主要的课程翻倍增长，如果孩子接受不了会直接影响他的信心及成绩，所以这个变化要一开始就让孩子在心里面能接受；这也是一个成长节点，孩子将步入青春期，此阶段的孩子渴望尊重、渴望独立，希望别人把他们当成大人，平等相待，所以家长就要改变角色和教育观念，要变成从以前关心所有生活起居转变到只是指导孩子的发展和成长，努力成为孩子的良师益友。

对于上了初中的孩子，我们一定不能再用小学时的沟通方式，此时更要少说话多信任，少指责多尊重。

在圆圆小升初时，在开学前，我主要与她沟通了三方面的内容。

| 给信心 |

你知道上了初中要学多少门课程吗？是的，小学 3 门主要课程，初中增加到 8 门，可以说是多了很多。但你知道为什么会突然比小学多了这么多吗？为何不只增加一两门？因为根据专家研究，到了 12 岁这个年龄阶段的孩子已完全有能力去学习这么多门的课程，只要这个孩子不是智力有问题，上课能专注就能学好。经过了小学的观察，你的智力完全正常甚至还比较高，所以我相信你的学习一定没问题。

| 给责任 |

你现在已经长大，从儿童成长为少年了，这意味着你的能力也在增强，能够负起的责任也会更多。未来我们主要是以给你建议为主，至于怎么做决定还是由你自己掌握，因为这是你的人生。但我们会全力支持及帮助你，因为我们现在还是你的监护人，所以你放心，有什么事情都可以与我们商量，我们会是你最坚强的后盾。

| 给鼓励 |

相信你一定会很喜欢中学的学习与生活，并会有更出色的表现，我们相信，通过你的努力，你会成为学校最优秀的中学生。

在读小学时，我们与孩子的沟通可以是教导、训话的方式，但当孩子上了初中后，我们要把他们当成大人去对待，避免说教，减少教导，要多以建议商量、交流探讨的方式沟通，并且要注意沟通的环境，在合适的氛围下与孩子交流，了解想法，交换意见。

我觉得孩子上了初中后，爸爸与孩子的沟通往往更有效，可能因为爸爸通常会比妈妈更理性，与孩子的交流会更直接，对问题的分析也会更到位。

三、初升高的沟通

每一次与孩子的沟通我都会坚持沟通三原则：预演未来、增强信心、期待美好。在她准备上高中前，我依然遵循此原则与她进行沟通。

○ 高中会是你读书阶段中最辛苦的三年，但也是最有价值的。精力旺盛的时候，就该是全力奋斗的时候。

○ 人生关键的三年，决定你未来的方向，所以在努力的同时也要思考你真正的兴趣，未来想从事的行业、想在哪里生活。

○ 我们相信你并支持你的每个决定，并深信你会全力以赴准备迎接你的人生大考，因为这是你的人生，通过你的努力你终将收获美好。

在高中这个阶段，我通常更关注的是圆圆的情绪，我认为这比成绩更重要，与圆圆更多聊的是人生的方向，聊她未来的选择。

在青春期以前，我们与孩子的沟通内容多集中在物质和情感的层面，但孩子进入青春期后，随着孩子想要独立的强烈需求，我们与孩子沟通的内容也要从物质、情感转移到精神层面，如科学、文化、艺术、人生等，都可与孩子一起探讨、一起交流。这样孩子才会感觉父母能交流、能亲近，否则如果我们没给孩子精神层面需求的支持，孩子就会觉得与父母无法沟通、父母不懂自己，最后就会尽量减少与父母沟通，甚至拒绝与父母沟通。

我一直觉得，为自己喜欢的事情努力才是最持续恒久的。到了这个时候，不是我们多唠叨几句，他的成绩或习惯就能改变，不如选择闭嘴，多聆听孩子的想法，或者针对孩子或家庭的情况，多了解各方面的资讯。有时，选择比努力更重要。

CHAPTER 7

第七章 ————

家庭分工与家校沟通的方法，互信互赞携手前行

一、教/养应如何分工

（一）教育养育分工

我们与很多中国的小家庭一样，是与老人一起生活的。我们享受着老人在日常生活上的照顾，但是不可避免的是，爷爷奶奶对于孙子的宠爱会让孩子不好管教。在圆圆1岁后问题就开始突显，但这是一件会影响圆圆一生的重大事情，一定要想办法解决，于是我们就与老人进行了沟通。为了顾

及老人的面子，不伤老人的心，我们做了很多铺垫，还进行了举例："如果你们给圆圆吃东西时，我们都说这个没营养那个不健康，不要给她吃，给圆圆穿衣服又说这个不好看那个不暖和，不要给她穿，你们会开心吗？"奶奶说那肯定不开心。"是的，同样，当我们在教育圆圆时，你们却在拆台唱反调，护着她，不让我们批评教育，我们也会不开心，而且还会影响到圆圆的成长，不如以后我们分一下工，在温饱的问题上你们都比较有经验，我们不插手，以你们的意见为准，而对于怎样教育圆圆就由我们来负责，你们也不要插手，以我们的意见为准。"

自此，家中老人家基本上就只负责圆圆的衣食、健康问题，我们也非常尊重老人家为家庭的付出，感恩他们把我们的生活照顾好，让我们能放心在职场全力拼搏。老人也因为我们的提醒及尊重，不再干涉我们教育孩子的问题，当圆圆放假在家时他们还经常协助我们监督她是否看电视时间过长，是否按照日程计划表完成计划。

其实在孩子的教育问题上，老人与父母一样，都希望小孩子能成材，只是因为隔代的问题，在教育上不可能做到父母那样的高要求。所以要想办法做好分工，父母不管多么忙，都不能把对孩子的教育权、抚养权完全交给老人，这是对孩子不负责任的做法。

最难的其实是开始如何沟通的问题。一开始，老人不一定会接受我们的意见，毕竟在他们眼里，妈妈只是一个新手，还不如他们有经验。所以，也可以借着"权威"的力量，比如老师、医生、育儿专家之类，老人可能会容易听得进去，或者发一些有关这方面的资料给他们看，然后找时机举例子与他们沟通，但千万不要因为嫌麻烦就放任下去，最后家人在互相抱怨、相互指责中生活，还严重影响了孩子的健康成长。

要与老一辈做好沟通，互相尊重，相互捧场。一切都是为了孩子更好成长，要达成共识！

（二）第一家长的确立

在圆圆的成长过程中，小学阶段因为圆圆爸爸在外地工作，一周才回一次家，每周末才回家，所以对于圆圆的管教基本上就是由妈妈承担，爸爸充当的只能是陪玩的角色，以至于对圆圆上学的要求、行为的规则、日常的习惯基本上都由妈妈定下来。有一次，因为出外游玩比较晚回家，到了练琴的时候，爸爸说："今天太晚了，不如就别练琴了，放松一下。"圆圆回答："要问妈妈行不行，她是第一家长。"

至此，我们家就诞生了"第一家长"这一有权威、有地位的家长角色身份。在日常对于孩子的要求中，我们发现，有第一家长这个说法确实更有利于孩子的管教，因为管教孩子只需要一种声音，这样更有利于孩子的规则制定及执行。如果父母间有不同的意见，不能当着孩子的面争论，先默认提出者的意见，背后商量统一后再告知结论。在孩子面前，父母的意见一定是要一致的，否则多种声音就会让孩子产生混乱，不知道该听谁的，最后就变成谁的都不听。

"第一家长"应当由谁来当？在我们家，能陪伴在孩子身边的时间比较多，负责在作业本上签名，能去参加家长会的，就是第一家长。比如小学时圆妈是第一家长，但到了初中，爸爸回到本地，妈妈又调到了外地工作，所以爸爸就荣升为第一家长。第一家长通常扮演的都是不讨好的角色，在孩子面前是绝对的权威，要负责守住底线。如果我们之间对于管教方面有分歧，最后都是以第一家长的意见为主，这是对第一家长的尊重，也是夫妻之间的尊重。

第一家长只是让孩子有一个明确规则的对象角色而已，最重要的是父母间相互尊重，意见统一。一个家庭中最好的关系，就是各司其职、彼此成全、相互成就！

二、如何与老师沟通

（一）在孩子面前肯定老师

中国有句古话，"亲其师，善其道"，意思是说，喜欢老师，就会认真学习他所教的内容。在学校，孩子最信任及最尊重的人就是老师，孩子对老师的喜爱及信任很可能会决定他成绩的好坏。试问如果一个人觉得另外一个人是不行的，那么对方讲的话他还会听吗？所以，我们绝不会在圆圆面前否定老师，原因在于当孩子因为你不经意的话语开始怀疑老师的能力时，那一定会影响到他的学习，甚至还会童言无忌地把你不好的评价对老师透露了，我想没有一个老师会喜欢这样的家长。所以，在孩子面前一定要肯定老师，如果觉得老师有做得不对的地方，可以直接与老师沟通，不能影响孩子对老师的信任。

（二）用书信与老师沟通及反馈

因为平时上班很忙，圆圆上幼儿园由老人接送，上小学后基本就是自己走路上下学了，所以我们很少有机会与老师碰面，如果有什么事情需要沟通，我都会通过书信来进行。书信的本质就是传递思想感情及交流信息的工具，文字会让人感觉亲切而温暖，我总相信老师能通过我的字迹感受到我作为家长传递过来的温度。通常我会经常给老师写三封信。

第一封是感谢信。

这也是最重要的一封信，是我在开学后的教师节当天写给班主任的一封感谢信。从圆圆幼儿园到高中，每一位当过她班主任的老师我都会写感谢信，我是真心地感谢老师的付出，感谢他们对我孩子的教导及付出。

感谢信的内容通常是：

1.感谢老师成为圆圆的班主任。

2.告知老师圆圆有多喜欢及欣赏他。

3.表达我作为家长对他的信任及支持。

当然，这些点滴的元素一定是真实的，开学9月1号到9号就是搜集素材的时间。通过这段时间与孩子的交流，了解他们在学校发生过的事情。下面这封是圆圆高一时我写给班主任的感谢信。

尊敬的老师：

您好！

很感谢您能成为刘圆圆的班主任，虽未曾见面，但已感熟悉，全因刘圆圆回家的分享。在她口中她的老师是一位幽默风趣、才华横溢、待人真诚（的人），还是被政治课本埋没了的哲学家、书法家。她说你（您）写的字漂亮极了，她要向你（您）学习。

虽然迈进一中这陌生的校园仅10天的时间，但感觉她已完全适应。她喜爱这美丽、富有古蕴的校园，喜欢周围这群优秀的同学，欣赏每一位授课的老师。她的快乐分享也感染着我，让我既安慰又安心。

刘圆圆能成为您的学生真的是她的幸运，相信在她崇拜的肖老师的引导下，她的高中生涯一定会更精彩。

人因重视而忠诚，人因期许而出色！

在这个专属于您的日子，

祝：

节日快乐、事事如意！

刘圆圆妈妈敬上
2017 年 9 月 10 日

第二封是重要事情的沟通信。

如果有一些特殊情况需要与老师沟通，而这个事情需要孩子也知道，我一般不会打电话或发信息，基本都是通过写信让圆圆拿给老师进行沟通。如下面这封在孩子五年级时请假去西藏旅行的《请假沟通函》。因为当时与圆圆商量了，要请9天假去旅行16天，她需要保证并想办法在回来后的期末考试不掉队，最后她同意了，但她不敢向老师提出请假，请我与老师沟通。

也因为这封沟通函，同级老师对孩子及她的家长都印象深刻，因为请假的时间比较长，班主任不敢拿主意，在年级会议上请示级长的意见。以前家长请假通常就写张请假条，但我还写了请假沟通函，交代清楚了目的及理由，所以老师们很惊讶。当然，家长有充分的理由，愿意承担孩子学习的责任，假批得也就很顺利了。

尊敬的老师：

您好！

我们家定于6月1日—16日携刘圆圆一起到西藏观光及体验当地人的生活，所以刘圆圆需要向学校请假9天（分别是6月3—7日，11—14日）。

作为重视孩子教育的我们也知道在孩子上学期间安排出行不是很妥当，刘圆圆本人开始是反对的，但经过充分的考虑与沟通，我们申请请假的主要原因有：

1. 我与她爸爸的假期只有这个时间能凑在一起。

2. 西藏暑假比较多雨，基于安全考虑不利出行。

3. 想趁机对刘圆圆作出考验，人的成长过程中总会发生这样或那样的事情，但无论发生什么状况都应通过自我管理而不影响自己的学业与生活。认真听课的孩子成绩好是暂时的，认真自学的孩子学习好才是永久的，也希望通过本次旅行请假对她平时的积累及自学能力作出评估。

基于以上的因素，我们还是决定在这个时间请假出行，正所谓读万卷书不如行万里路，我们相信本次西藏之旅对刘圆圆来说一定会是一次精彩的人生体检。

刘圆圆也保证不会因为这9天没在课堂听课而对学习有很大的影响，我们相信她，所以也恳请叶老师能批准请假，非常感谢您！

此致

敬礼！

刘圆圆妈妈

2013 年 5 月 13 日

请假调函件

尊敬的○老师：

您好！我们家定于6月1日~16日携刘○○一起
到西藏观光及体验当地人的生活，所以刘○○需
要向学校请假9天（分别是6月3~2、7日、13~14日）

作为重视孩子教育的我们也知道在孩子上学
期间请排外游不是很妥当，刘○○本人开始是反
对的，但最终还充分地考虑与调函。

第三封信是犯错后的感谢及反馈信。

当圆圆受到老师的批评并且事情严重到老师向家长投诉
时，我一般在处理完圆圆的问题后，就会给老师写信反馈并
让圆圆带去给老师，其实这封信同时也是写给圆圆看的，希
望她能明白当家长的责任，以后更加严格要求自己，同时也
感谢及肯定老师的工作，让老师看到家长配合的态度和孩子
改正的决心。

尊敬的老师：

非常感谢你（您）的来电，让我们能及时了解到刘圆圆
在学校的表现情况。

很感谢你们能及时对刘圆圆的不当行为作出处罚，没有因她是班干部而纵容，对她而言，老师的惩罚表面上逆耳，但实则是忠言，这点我想聪明的刘圆圆一定会明白个中的用心良苦，并理应充满感激。

古语云：子不教父之过。作为家长的我们为此深感惭愧，没有教育好自己的孩子，让身为班干部的孩子没有以身作则，反而成为纪律的破坏者，这都是我们家长的教育不当所致，在此恳请冯老师给予刘圆圆一个改正的机会，请继续相信她仍然是最优秀的那个刘圆圆。

此致

敬礼！

刘圆圆妈妈敬上

2016 年 6 月 20 日

每个人都希望能得到别人的赞赏及肯定，孩子需要，老师同样需要，当把孩子送到学校时，我们最希望的是自己的孩子能在学校开心快乐，健康成长，学业进步，掌控这一切的就是老师。然而，老师也是普通人，希望自己的工作能得到家长的尊重、肯定及理解，当面对如此信任自己的家长的孩子时，老师也会格外喜欢，真心对待！

我们要相信，老师是唯一一个除了血缘以外最关心我们的孩子成绩是否进步、品格是否优良的人。善待孩子的老师，就是善待孩子的成长；尊重孩子的老师，就是尊重孩子的未来。

PART 3

第三篇

成长问题沟通篇

CHAPTER 8

第八章 ————

如何处理孩子的错误，
将错误化作成长的重要契机

一、处理的原则：表扬公开讲、批评静悄悄。

　　尊重孩子，不在公共场合批评他。当孩子有不对的地方时，如果在外面就把孩子带到安静没人的地方再批评，如果在家则让他进房间再批评，尽量避免有第三者在场，保护孩子的自尊。当养成习惯后，慢慢地，孩子也会在公共场合注意自己的形象和言行举止。

　　我们回忆一下，当我们带着孩子在外面遇上朋友赞美孩子时，我们是怎样回应的？

我遇到的大部分家长都会回一句谢谢，但很多时候为了显得谦虚可能会来一句："才不是呢！在外面装的，在家可调皮捣蛋了。"这其实就像我们与先生一起去见他的朋友，朋友当面说"你的太太真有气质、很有品位"时，先生来一句"她在外面装的，在家可邋遢了"一样，我想你下次一定不想再跟他出去见他的朋友。其实孩子的想法也是一样，他就会做出反抗，比如说就捣蛋到底，说也没用，长大一点就再也不愿意跟你出去了，等等。

遇到朋友们表扬圆圆，我通常会说："是的，她真的很乖，不单在外面，在家也是，而且还很独立，自己的事自己负责，学习很认真，还帮忙做家务。"其实可能出门前我才刚批评完她，但是在外面不能说，要给孩子留面子，而当我在别人面前对她肯定时，她会为此表现得更好。为了得到更多的赞许，接下来她也会努力把自己管理得更好，因为每一个人都喜欢听赞美表扬，并希望把自己不好的一面隐藏起来，孩子也一样，我们要协助她慢慢变好。在我们的肯定下，慢慢地，她就真的会变成我们口中那个待人有礼、学习认真、自主独立的孩子。

遇到孩子犯错，我通常都会一对一进行沟通，连家人都会避开，以免让孩子难堪，其实这也就是同理心，就如同我们自己在工作中犯了错误，一定不希望领导在大会上或者公共办公场所批评。如果领导能关上门，不管他多狠地批评自己都会接受及感激。相信孩子的心理也是一样的。所以，每次圆圆犯错，表面上都会成为她与妈妈的秘密，她会很感激妈妈维护她的自尊，知道妈妈是真的为了她好，自然会对妈妈的批评及建议都接受并努力改正。如果她犯错是爸爸先发现，爸爸的操作也是一样的，通常不会当着她的面前告诉妈妈，而是先单独批评教育她，关上门再和妈妈沟通讨论孩子的问题。

父母爱孩子，孩子就会自爱，父母尊重孩子，孩子就有自尊；现在我们给孩子留面子，未来孩子就会给我们长面子；懂得自尊自爱的孩子永远都不会太差。

二、处理的方法：有问必答、写检讨书、一对一面谈

犯错是每个人都会有的事情，特别是小孩子对于外界的一切事物都是非常好奇的，但是他们没有应对各种事情的经验，所以有时候犯错是难免的。孩子犯了错误，最忌讳的就是一味地打或者骂，如果以这样的方式处理，以后孩子一定会想办法来逃避或者想更多的方法来隐瞒。孩子最想要的是父母的理解和安慰。

孩子成长就是需要试错、需要不听话。不允许孩子犯错误，

要孩子凡事听话照做，这就像不允许学走路的孩子跌倒一样，表面上的完美难以替代长久的内心强大。对于一个孩子来说，他内心自信坚定，比谨小慎微重要；凡事有好奇心，比凡事不出错重要。

但有时面对孩子犯的错难免会控制不了情绪，所以我对于圆圆犯的错尽量用文字进行引导，因为我担心我会忍不住愤怒斥责、吓坏她，破坏我们之间的关系。

通常处理的方法有以下三种。

方法一：有问必答

孩子的成长过程就是不断犯错及修正的过程，但很多时候对于孩子犯的小错误我们都因为太心急，用语气伤害了孩子而不自知，所以一般对于小错误我都会用有问必答的方式去了解，既避免语言的伤害，又能真正了解到孩子真正的问题。在圆圆刚上一年级的时候我收到了老师的短信，说孩子这段时间的纪律变得松散，写字变得潦草马虎，各方面都在退步。刚看到短信时我很生气，恨不得马上质问她，但后来我冷静了下来，知道面对她时会很难控制情绪，她有一个不配合的眼神或者举动我就有可能会发火。于是，我在共同日记本上写了几个问题让她回答，结果问题就解决了。

有问必答的方式既可以让孩子思考自己的问题，也可以让家长了解到他的想法，同时避免了语言不当对孩子可能造成的伤害。对于小错误，我一般都会用此方法，事实证明是很有效的。

有时，我也通过写沟通信的方式提问了解她的真实情况，然后想办法一起解决。在她三年级时，我收到圆圆班主任的信息，老师反映她近段时间表现不太好。我有些担忧，于是给圆圆写了封信，顺便把想了解的向她提问并让她回答。

亲爱的圆圆：

今天妈妈收到了龙老师发来的信息，反映我的女儿这几天上课有点不认真，睡午觉还和同学讲话及玩，妈妈很惊讶呀！印象中妈妈很久没收过老师这样的短信了，好像一年级收过一次吧！但女儿很快就改正了，怎么现在又犯这毛病了？我想这肯定是有原因的，妈妈心中最优秀的女儿怎么会这样呢？难道是妈妈这段时间关心得不够？与女儿的沟通少了？还是天气热了睡不着午觉了？

请你来告诉妈妈原因好吗？让我们一起解决！

请回答：

1. 请问为什么上课会开小差？与同学讲悄悄话？

（答：只因为我们组风扇坏了，所以我们小组天天不管上课下课都在唠叨。）

2. 请问为什么没有以前那么全神贯注了？学习态度为何懒散了？

（答：因为小孩有小孩的秘密，每天晚上睡觉前都心事重重，心情不好，睡眠不足。）

3. 请问为什么睡午觉的时候会与同学玩，在讲话呢？

（答：你已说了！）

爱你的妈妈

2011 年 5 月 11 日

请你来告诉妈妈原因好吗？让我们一起解决！
请回答：
1.请问为什么上课、会开小差、与同学讲悄悄话？
　　只因为我们组风扇坏了，所以我们小组双双上下
　　课都在唠叨。

2.请问为什么没有以前这么全神贯注了？态度为何懒散了？
　　　　　因为人烦自烦的秘密，每天早同
　　上日睡　觉前都心事重重，心情与睡眠质
　　量

3.请问为什么临毕业会与同学在玩、在讲话呢？
　　　　你自说行！

　　　　　　　　　　　　　　　　爱你继玉妈
　　　　　　　　　　　　　　　　2011．5．11．

　　下面是我写的回复：

　　原来有这些原因，妈妈都不知道，真的太抱歉了，现在
也终于明白了。但事情终要解决的，绝对不能让我们优秀的
好同学因此而影响学习。

　　请你找出最好的处理方法：

　　1.你们小组的风扇坏了，请问应如何处理好呢？

　　（答：其实本来很快OK的，因为赵老师在上上个星期
说给我们修，我们就等，可到现在都没修好，不知道啦！）

　　2.睡觉前有这么多秘密，从而影响了睡眠质量，继而又

影响到上课集中精神，请问有何方法解决？

（答：我也不知道，只觉得有时上课是有气无力。）

方法：把秘密告诉妈妈，一起分享并分担。

3.天气太热所以午觉睡不好，有什么办法解决？

（答：有棉被垫床，热！）

妈妈回：这是妈妈的责任，妈妈本周末就去帮你把棉被拿回家。解决了。OK!

请你找出最好的处理方法。

1.你们小组的风扇坏了，请问你如何处理好呢？
其实本来很快OK的，因为志老师在上上个星期混给我们修，我们就等，可到现在却没修好，不知道！

2.睡觉前有这么多秘密，从而影响了睡眠质量。从而又影响到上课集中精神，请问有何方法解决？
我也不知道，只觉得有时上课是有气无力。
把秘密告诉妈妈，一起分享并分担。

3.天气太热所以午觉睡不好，有什么办法可解决？
有棉被垫床，热！
这问是妈妈的责任，妈妈本周末就去帮你把棉被拿回家。解决了。ok！

　　经过与孩子详细的沟通，我了解到实际的情况，然后给老师写信反馈情况，问题得到了圆满解决。如果我们不了解实际情况就批评孩子，孩子会觉得很委屈，也不能真正帮助孩子解决问题。

尊敬的龙老师：

　　您好！非常感谢您今天发信息给我沟通圆圆的情况，我晚上马上与她做了沟通，以下是我们之间的沟通内容，请阅并请协助解决。

　　1.为何上课没有以前那么全神贯注？学习态度有点懒散？

　　（答：因为小孩子成长总会有一些秘密，影响了睡眠，也影响了上课质量。）

　　解决：定期与妈妈说一些秘密以减轻负担，今晚她也说了很多给妈妈听，舒服了很多，接下来上课也会集中精神，学习态度积极认真。

　　2.为什么上课会开小差？有时讲悄悄话？

　　（答：因为我们组风扇坏了，所以我们小组天天不管上下课都在唠叨，热！）

　　解决：请老师帮忙尽快联系校工维修，谢谢！

3.为何睡午觉会与同学讲话、玩,不睡觉?

（答:有棉被垫床,热!)

解决:这是妈妈的粗心大意,没及时留意孩子在校的睡觉环境。本周末妈妈就去把棉被拿回家,换上薄被子,在此向女儿道歉、检讨!

再次感谢龙老师的及时沟通,让孩子的问题得以解决。敬礼!

圆圆妈妈

2011 年 5 月 11 日

> 尊敬的龙老师:
> 您好!非常感谢您,今天发信息给我沟通到思睿的情况,晚上马上与她做了沟通,以下是我们三个的沟通内容,请问并请您助解决!

方法二: 写检讨书

对于小错误,用有问必答的方法就可以了解及解决,如果是比较大的错误,我一般会要求孩子写检讨书。因为这已经不需要了解就知道问题所在了,这个错误已是共识了,这时一定要控制自己,不要大发雷霆及责骂孩子。孩子犯错了本来已经很害怕，如果家长不控制好自己的情绪，可能会给孩子造成心理阴影，又或是责骂过了头最后变成了家长的错，所以我一般用的方法是以低沉的语气、凝重的表情对她说，请她写一份检讨书，说明为何会犯这样的错误以及接下来如何改正，并保证不再犯。这样做的好处是她本已慌张地在等待着家长的严厉责骂但家长没有骂，她会内疚、会感恩，见到家长伤心难过的样子她也会难过，会自我反省。写检讨书还能不断提升孩子的语文写作能力。圆圆第一次写检讨书时，咬着笔头半天都没能下笔，后来写多了，半个小时不用，一份情真意切、反省深刻、态度良好的检讨书就能完成。所以说，孩子在写检讨书的过程就已经在训练写作能力了。

通常，圆圆写完检讨书就认识到自己的问题了，这个犯错的问题就解决了，我们也不会再指责或以后再翻旧账，为了保护她的自尊，也不会向其他人公开她的检讨书。其实孩子写检讨书的同时，我们自己也在检讨是哪里做得不够才会让孩子犯这样的错误。

作为家长的我们，经常要思考孩子成长的每个问题。我一直认为，在教育孩子的路上，更需要学习和改正的其实是我们自己。

以下是圆圆在二年级犯错时写的检讨书。

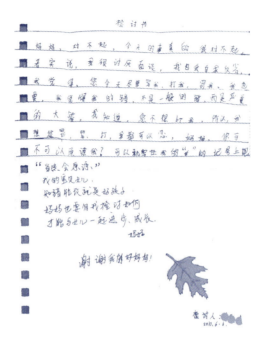

方法三：一对一面谈

对于一些孩子没觉得是错误的小问题，特别是有关于习惯、礼节、修养等方面看似没大问题但长久下去就是大问题的情况，我一般会采用一对一面谈的方法。因为这些可能是孩子自己没察觉的，不通过面谈，孩子就不明白为什么这是错误的、为什么是需要改正的。其实，这个单独面谈也借鉴了日常工作中的做法。在职场，我们的上司经常要与下属进行月度面谈季度面谈或年度面谈，通过面谈总结下属的工作，了解下属的真正情况及真实想法。事实上，为了帮助我们的孩子心理健康地成长，与孩子也是需要定期面谈的，正常是每个学期末一次，一年两次，遇上不良情况临时安排面谈。我通常是拿张 A4 纸很正式地写上面谈表并把需要面谈的内容写上，让她自己思考 30 分钟，然后让她选择面谈地点，是去她房间还是到我房间。当然，她通常会选择在她房间进行，可能是因为在自己的地盘相对比较安全。

在进行面谈沟通的过程中，我们依然需要控制好情绪，要把孩子当作工作伙伴，去了解他的想法，及时解决现存的问题，并给出正确的指引。相信你不会轻易对下属发脾气，但你会很容易对孩子发火，所以，此时我们要把孩子当作工作伙伴去进行面谈沟通，才会有最好的效果。

以下是圆圆二年级时的面谈表，那段时间感觉她有些毛躁、爱发脾气，周末去书店时看电视，外出没礼貌，不理睬人。我觉得需要跟她好好谈一谈，于是给她发了面谈表，进行了一次面谈沟通，问题也随之解决。

圆圆是非常害怕与我进行面谈的，所以为了不用经常与妈妈面谈，她就要约束好自己，以自律换自由。孩子的本质是很爱父母的，也不愿见到父母伤心难过，只是由于做父母的经常没控制好情绪，本来是孩子的错最后就变成了家长的错，所以当我们对孩子冲口而出责骂时就已经输了。

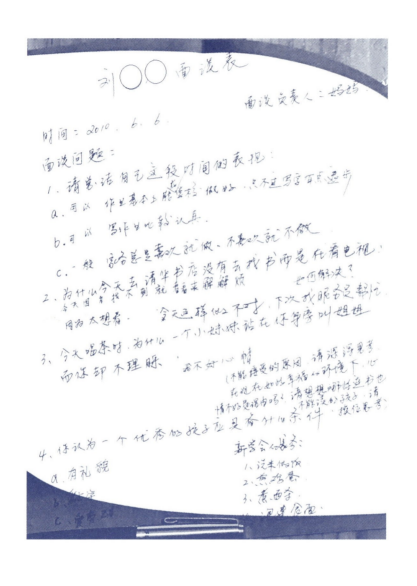

犯错案例处理探讨：圆圆在学校划伤了男同学的头

在圆圆读三年级的时候，我下班的路上接到圆圆班主任的电话，问我是否已经知道今天圆圆在学校发生的事情，我说不知道，因为还没见到孩子。我内心其实并不担心会有什么事，因为我想一向有分寸的圆圆应该不会做出让人担心的事情吧！但老师的话还是吓了我一跳，她说圆圆打破了一个男同学的头，流了好多血，但校医马上做了处理，已经没有什么大问题。老师也通知了男孩子的家长，对方家长表示没大问题，孩子之间玩耍难免会发生意外。

真的感谢如此大度的家长，同时也非常感谢老师能及时通知我，让我在路上有时间想想该如何与圆圆沟通此事，既能让她知道事态严重，又能不让她有心理负担。回到家我还是向她提了老问题：

1. 今天在学校收获了什么？

2. 今天在学校有什么快乐的事情分享？

3. 有需要妈妈帮忙的地方吗？

她给的都是正面积极的回答，而且一点也看不出有什么情绪起伏，看来掩饰得相当好哇！我再问："叶老师今天打电话给我了，她说的那件事情是怎么回事呢？能与妈妈沟通一下吗？"

圆圆马上垂下头说："对不起，我玩的时候不小心，没留意做手工的卡纸划破了袋子，然后卡纸就刮伤了同学的头。

我已经向同学道歉了。"

"但是为什么刚才不告诉妈妈呢？"

"因为不想妈妈担心，也不想让妈妈伤心。"然后她就开始流泪。

我说："傻瓜，孩子间玩耍碰撞是难免的，关键的是知错能改，同时还要承担犯错的后果，因为你是妈妈的孩子，所以你犯错妈妈也要承担责任的。"

我的处理方式是：

第一，打电话给受伤同学的家长并道歉，建议他们带孩子去医院检查，医疗费由我们承担。（当着圆圆面打这个电话，是让她深深体会要积极主动承认错误。她犯错并不是她一个人的事情，没有管教好她的妈妈也要承担责任，让她明白犯任何一个错误都是有代价的。）

第二，送一本书给受伤的同学作为道歉礼物，并附上道歉信，希望他以后与圆圆还是好朋友，一起学习，一起进步。

第三，请圆圆主动以书面形式向同学及老师就此事道歉，并保证以后自己不再出现同样行为。

虽然这是意外，但是也非常危险，万一刮到的不是头皮而是眼睛，后果将不堪设想。我也把这个假设给圆圆分析了。同学间的玩耍是很正常的，也是一种乐趣，但是以后一定要注意不能碰到头、脸的地方，因为比较容易受伤，而且后果相对比较严重。

在这件事中，当时圆圆没有与我主动沟通是我最担心的，谨慎温和处理也是担心她的心情。希望她明白，无论发生什么事情，家长都会在身边与她一起解决，所以发生任何事情，第一时间应该做的是告诉家人，家长知道情况才能解决，千万别因为害怕而隐瞒！

可能对于圆圆的错误我比较少采用责骂、动手的处理方式，所以她的心理负担比较小，以后她就会更愿意把发生的事情与我分享；我也会共情及理性地与她去探讨犯错的问题。

要让孩子参与处理所犯错误，孩子诚实、思考、冷静、自省的能力都会激发出来，认识问题和解决问题的能力才是孩子成长过程中最重要的能力和财富！

但是，当我们处理完孩子的错误后，请一定要给予孩子安抚，不要让孩子感觉你会因此不喜欢他了、不爱他了，或者因为犯错误会对自己失去信心，感觉自己很差劲、很没有能力。这样的想法都会影响孩子的成长，所以我一般在圆圆犯错后都会根据不同的情况讲下面这些话，我称之为犯错后的金句，一直都用在圆圆成长的路上，亲测很有效。

犯错后沟通的金句：

1. 我们要允许孩子犯错误，更要允许孩子改正错误，知错能改就是好孩子，妈妈永远都会爱你。

2. 我在思考及检讨，究竟是我哪里做得不够，以至于你会犯这样的错误呢？不如你告诉一下我，我怎样做你才能接受及改正，我第一次做妈妈，也没什么经验。

3. 悄悄地告诉你，其实你已经很厉害了，我年龄比你大的时候还会犯这样的错误，妈妈像你这么大时还没你做得好，所以我觉得你以后一定会做得更棒，不会再犯同样的错误了。

作为家长，我们要学会正面看待孩子犯的错，这种试错会不断推动孩子快速成长；在孩子的世界里，一切都是可以尝试及改变的，我们要保护好孩子这颗纯真的内心，不要用我们成年人心中已固化的规矩消灭了孩子本来拥有的创造力。

CHAPTER 9

第九章 ————

悦纳青春期，控制权的顺利过渡

有一天与圆圆爸爸聊天，我说："爸爸，我们家的女儿好像没有什么叛逆期？"爸爸来了一句："她对谁叛逆？我们都不要求命令她，很多事情都是与她商量后由她自己决定的，难道她自己与自己叛逆吗？"

是的，为什么孩子会叛逆？其实就是在互争控制权，父母想控制孩子，孩子想摆脱父母的控制。由于孩子感到或担心外界忽视了自己的独立存在，叛逆心理才因此产生，从而用各种手段来确立自我与外界的平等地位。所以我们经常郁闷，对孩子讲的这些都是对他好的，为什么孩子就是不听？

事实上，当我们觉得讲的都对的时候，其实已经错了，比如说"你回家不要老是玩手机""你走路老驼着背，不好，就不能直起腰来吗？""你马上要考试了，为什么不去复习"。我们讲这些事对不对？对！但孩子听不听？不听！此阶段的沟通中最关键的是"闭嘴"，要用孩子喜欢的沟通方式，让孩子感觉父母是尊重他的，他的想法才是最重要的。

如果孩子进入了青春期，父母即使再关心孩子，也要适度降温，孩子需要的妈妈不再是那个在各个方面都照顾周到、事事提醒或者包办他一切的角色，而是需要一个信任他能自己安排、自己处理、自己勇敢尝试，能够理解他的人。如果很难做到真正地理解他，那么至少，就默默忍住不自觉伸出的那只帮助之手吧！

面对孩子的变化，我们一定要调整自己的心态，不能孩子一不听话自己就先沉不住气，还继续用小时候的唠叨方法对待他们，这只会引起孩子的反感。家长的过度管制对他们来说是难以忍受的，孩子只会越管越反，孩子的身心正顺应自然的规律蓬勃成长，我们家长管教的态度和方法也应与时俱进。

自圆圆上了初中，我就经常提醒自己要奉行三给、三不能的原则。

三给	三不能
给时间	不能太关心
给空间	不能太好奇
给信任	不能下命令

我不断总结与她沟通的有效方法，最后感觉运用沟通三部曲的效果是最佳的。

一、青春期沟通三部曲

第一步：营造环境、少讲多听

青春期的孩子情绪起伏比较大，所以谈话一定要注意时间和场合，学会察言观色，选择适合的环境与孩子沟通会更有效顺畅。学会察言观色能避免在孩子心情不好、正紧张烦恼的时候去沟通，有些孩子在一起吃饭的时候最乐于分享沟通，有些孩子可能更喜欢一起坐车的时候讲话沟通。

通过观察，我发现圆圆通常在只有两个人或三个人一起走路的时候是最愿意讲话沟通的，可能是因为走路的时候不能做其他事情吧，所以每周我都会安排一起走路的时间，比如说一起走路去超市买她最喜欢吃的东西，或者说今天一起去爬山运动一下。在这样的来回路程中就可以进行轻松的有效沟通，当然家长一定要少讲多听，引导孩子多讲他自己的想法，这样就比较容易听到真话，了解到他对问题真实的想法。

第二步：同理心，我也曾与你一样

孩子之所以不喜欢与家长沟通，是因为家长很喜欢高高在上，用要求、命令的口吻沟通。受年龄和阅历的影响，孩子们的想法、看法、做法肯定有不成熟、不准确、不恰当的地方。家长不要俯视，要平视，不要命令，要商量。当我们找到沟通的机会聆听时千万不要批判，想发表意见时可以说"是的，我那时与你也一样，我也曾遇到过的，不过后来我是这样处理的，你觉得有用也可参考一下"。这样孩子会感觉被平等对待，采不采纳你的意见是由他来决定的，他喜欢有做决定的权利。尊重孩子的意见，要交流不要专制，要沟通不要独裁。

我们想真正了解孩子，就要学会站在孩子的角度来看问题，多想想自己与孩子同龄时的心态。只有多用同理心理解孩子，才能取得他对我们的信任。

第三步：我相信你，你可以的

这个阶段的孩子对自己的认识是不稳定的，经常会在自我否定与自我肯定之间徘徊，周围的一句话都会让他们增强或降低自信，所以我们沟通结束时都会加上一句"我相信你""你是可以的""你一定行的"，来增强孩子的自信心，我们对他的信任感会让他内心变得强大。

美国心理学家詹姆斯说过："人类本质中最殷切的需求是渴望被肯定。"一旦得到肯定，就会有变好的动力。青春期的孩子表现尤为明显，我们一个怀疑的表情就有可能触怒他，我们只有信任他，彼此的关系才会更好。子女对父母有特殊的信任感，在他们成长的过程中，父母的赏识和肯定远比其他人的肯定重要，因此，我们要自始至终给孩子前进的信心和力量，这不仅可以激励他们，甚至可以改变他的整个人生态度。

二、青春期沟通二要素

孩子进入青春期后，我们和孩子的关系就进入了另一种状态，这时候不是像我们送孩子去幼儿园一样，由我们来教会孩子如何学会与父母分离，而是孩子用叛逆的行动告诉我们，他需要与父母分离。相信大部分时候都不是孩子不愿分离，而是父母不愿和孩子分离，所以才激化了彼此间的矛盾。心理学研究认为，青春期的孩子有一个主要的人生任务，就是角色认同，他在定位自己是一个什么样的人，他渴望独立，对事物有自己的看法。在这个过程中，父母的角色可以是平等交流的陪伴者、支持者和建议者，但不可以是说教者、控制者和命令者。

在圆圆进入初中之后，我一般很少用强硬、命令的口吻与她对话，应该说是我不敢，我怕与她的关系搞砸了，所以一直在尝试用很多不同的沟通方法，以求能得到更满意的效果。我总结了孩子比较容易接受的用词，我定义为青春期的沟通二要素。

第一要素：有事多商量，凡事少命令

"我想与你商量一件事情，请问你哪个时间比较方便？"

"你的意见是什么？为什么呢？我可以说一下我的意见吗？我认为……"

"那我们就一起把这事定下来，一起努力哦。"

第二要素：真情尽流露，需要他帮助

"虽然我知道你现在是青春期，是你身体的激素作怪，你也控制不了你自己，但我还是很难过。"

"我相信你下次一定不会这样的，一个人之所以优秀，就是在很多时候比别人能多控制自己一点点。"

"我一直在反思检讨自己，是哪里做得不够，让你会出现这个问题。请你教一下我，我应该怎样做？"

在圆圆的成长过程中，我一直都会找机会向她示弱，特别是她上了初中之后，在家爬梯洗吊灯全找她，装个柜子看图纸要求助她，出外看地图认地方常靠她。我经常一个人出差，走南闯北的，但当我与圆圆出去旅行时，我到酒店下面的大街买瓶牛奶，她都要给我定好位，画上回酒店的地图，怕妈妈迷路了。只有孩子感受到被需要的、强者的感觉，才能被激发出成长的动力，才会懂得如何去关心别人、帮助别人，慢慢才会成为一个有爱、有担当、有能力的人。

很多父母都习惯替孩子包揽一切事情，觉得孩子什么事情都不会做、做不好，于是就替孩子做好所有的事，做所有的决定。在孩子小的时候，这样的方式的确无可厚非，但是，随着孩子的长大，他们逐渐有了自我意识和独立的想法，这种行为就会带来严重的问题。很多家长都会对孩子说："你什么都不用管，我们都会帮你解决，你只管用心读书就行了。"当父母所有的事情都扛着，表现得自己无所不能时，孩子就失去了成长的机会与动力。

家长总认为在孩子面前千万不能表现出柔弱的一面，更不能求助于孩子，否则不仅会有损家长的权威、影响面子，还觉得会给孩子起到不好的示范作用。但如果父母在孩子面前总是强大无比，对所有事情都大包大揽，时间长了，孩子便会产生依赖心理，理所当然地认为自己的父母很厉害，可以帮自己扫清一切障碍，搞定一切。慢慢地，孩子就会变成那个只懂躲在父母身后、不懂责任、不懂感恩的巨婴，认为父母的付出和给予是天经地义的。如果稍有不如意、不顺心还可能埋怨父母，把一切责任都推给父母，认为只有他最无辜、最委屈，成为一个极端自私、以自我为中心的人，但这一切都源于父母自己的"尽心尽力、强大无比"。

我们的示弱并非不管孩子、为难孩子，也不是让孩子感觉我们无能与软弱，而是一种"以退为进"，将主动权和表现的机会交给孩子，给孩子更大的成长发挥空间，让他们独立，学会承担责任。

三、青春期案例一分析

大家一起来聊一聊：当孩子深夜关灯睡觉后，偷偷与异性同学聊天，被你发现了！该怎么处理？

我当时的做法是：

1.控制着自己先别冲动，想着怎样处理既不伤害她，又能解决现在她一直聊天的问题。

2.敲门，然后不带任何情绪地说："圆圆，现在已经很晚了，请把你的手机给我，我把它放到客厅，不要影响你的睡眠。请问是不是还需要再给你 3 分钟时间与朋友道别？"

3.我回房间给圆圆写了一封信，表达了我对此事情的看法及解决办法，从她房间的门缝塞了进去，让她早上醒来第一时间就能看到。

亲爱的圆圆：

距上一回致信给你已有很长一段时间了，本次下笔有点困难，因为妈妈不知该用怎样的措辞来表达比较恰当！

爸妈一直都因为有你这样的女儿而感到特别幸福，事实上你也一直都是如此自觉懂事，我们一想起女儿就有幸福的感觉。

但不可避免，我们的小公主也开始长大了，会开始交异性的朋友，会约会，会谈恋爱，未来还会结婚，生小孩，这都是人生正常的成长过程。我与你爸爸也是欣喜地看着你不断成长、渐渐成熟，我们也相信你会懂得如何处理好交朋友、学习、考试及未来的生活，所以也从不反对、不干涉，支持你的每一个决定。但毕竟你现在还是孩子，我们还是你的监护人，我们需要对你负责任的，因此请我亲爱的宝贝与妈妈做个约定好吗？

1. 为了保护你的视力及睡眠，10点请准时把手机放到客厅。

2. 如有特殊情况要用手机，请告知爸妈，并一定要打开房间的灯再用。

3. 可以与喜欢的朋友一起聚会、约会，但一定要在开阔的公共场所，绝不能两人单独在封闭的空间里，要学会保护自己，我相信你能理解到妈妈的意思，是吗？

4. 请与充满正能量的朋友在一起玩，大家的话题应该都是积极正面的，对未来充满无限憧憬，热爱生活，对知识的获取、学习的成绩都应是努力追赶的。如果说要给出衡量的指标，那就是你在与这些朋友沟通交往中，你的知识面越来越广，成绩越来越好，那这些朋友就是适合的，可深交，反之应远离。如果不适合，千万别想着你能改变对方，对方只会拖垮你，结局是不会变的。

5. 不要对任何一个人轻易许诺，要知道"承诺就是一笔未偿还的债务"，许诺越多欠债就越多。这青春的大好年华，应结交更多不同的朋友，勇敢做出不同的尝试。世界很大，未来的路很长，变数太多，请你以开放的心态对待每一位朋友。你的 Mr.Right 在哪？在未来！

宝贝，能与妈妈做出以上5点约定吗？妈妈永远相信，我的宝贝会有能力处理好自己的事情的，也希望看到越来越快乐的女儿！

爱你的妈妈

2016 年 5 月 29 日

亲爱的圆圆：

距上回始致信给你已有很长一段时间了。本次下笔有点困难，因为妈妈不知该用怎样的措辞来表达比较恰当！

圆圆早上看到了信，在上学前回了信给我，并同样从我房间的门缝塞进来。

To my dear mom：

书信来往貌似不错呢，这一次，是我的错误，爸妈相信我才会把手机给我。自己有不自律的地方，会改进，望谅解！

其实到了这个年龄，是让爸妈最头疼的年龄，总觉得自己的孩子在慢慢长大，说得越来越少，会顶嘴，很庆幸爸妈开明，我的叛逆期没有出现（不下绝对定论），但思想上肯定会变复杂的啦，交友也要多加谨慎。

放心啦！我的保护意识很强的，会努力处理好每一件事情，这是要磨炼自己，而且呢，有困难时我会向你们求助哦！毕竟青春期子女与家长的联系是尤为重要的（想得有点老成）。

谢谢妈妈的建议，大道理你教给了我许多，我还没能全部利用起来，但总会有那一天。谢谢我的父母不像其他家长那样没收手机，翻看日记聊天记录，限制出游，时刻监督。你们给了我足够的自由（千万别收回这些自由啊！），我会严加管束自己，自觉自律，做你们的好孩子，做更好的自己，I won't let you down! 这不是承诺，是目标哦！

From: 圆圆

2016 年 5 月 29 日

To my dear mom:
书信不能说做不错呢。这一次，是我的错误。爸妈相信我，才会把手机给我。自己有不自律自觉的地方，会改进的，望谅解。

不需批评与责骂，沉默的力量会比吵闹大，文字的方式使彼此都冷静思考，问题也因此解决了。自此再也没见圆圆再犯，到高三毕业，无论什么时候要睡觉了，她都会主动把手机放到客厅外。

　　对于青春期的孩子，表达爱不需要我们用太多的言语，但要让他感受到爱和支持永远都在。父母存在的意义，不是命令、不是操控，而是让孩子一想到父母，内心就会充满力量，充满温暖，从而拥有克服困难的勇气和力量，有面对未来的信心及创造幸福生活的能力。

　　悦纳孩子的青春期，证明我们的孩子已开始长大了，把孩子人生的控制权顺利过渡到孩子自己的手中，让他们成为自己人生真正的主人。

CHAPTER 10
第十章

————

解锁成长小问题，爱一直在身边

一、陪伴孩子成长别嫌烦，这几个重要阶段是关键点

日本动画大师宫崎骏说过："世界上重要的事情，大多都是很麻烦的。"对于孩子的成长来说，父母既不能缺席，也不能嫌麻烦。

因为陪伴及影响孩子是有时效的，一般孩子最需要父母的时间或者说父母能影响孩子的时间就是 12 年，基本上就是出生至小学这阶段。这是父母能陪伴孩子成长、培养孩子好习惯和好品格最重要的时间段，但很多家长在孩子小的时候经常嫌麻烦，希望孩子不要烦到自己，所以喜欢：

· 用电子产品来代替自己陪伴孩子玩耍、做游戏；

· 用打骂的方式来代替耐心与孩子讲道理，聆听他的声音，帮助孩子纠正；

· 用强制命令来代替孩子尝试做选择、试错的机会；

· 用送课外机构代替解决孩子需要学习的知识、完成的学业；

· 用包揽一切的方式来代替手把手教会孩子生活上的技能……

很多家长会认为不用这么麻烦，孩子长大就自然会懂了。但当孩子到了初中、高中的阶段时他才发现，孩子并没有变成自己想象中的那样或者与别人的孩子不一样，这时才开始想管孩子，但是已经错过了最佳的时机，变得很困难。

我总结了几个养育孩子的关键点：

1. 婴幼儿时期：父母要跟自己宝宝多一些肢体接触、抚摸，言语"唠叨"，孩子会记得你的声音和气味，以后会跟你更亲近，宝宝的语言发展也更好。

2. 幼儿阶段：父母在陪伴时，要尽可能做到多交流，没事多问问孩子的感受和想法，比如说："你觉得好玩吗？""好吃吗？""你最喜欢这里的什么？"多跟他们说说自己的心情，比如说："你刚才主动叫阿姨真有礼貌，妈妈很开心。""刚才你这样做让妈妈很高兴，我喜欢这样的宝宝。"这样有助于增强孩子的情商，懂得如何与人愉快相处。

3.小学阶段：要抓住机会为他们树立正确的榜样，不厌其烦地跟他灌输正确的价值观，立好规矩并严格执行，让孩子知道什么可为、什么不可为，培养他们的品德和素质，形成健康的是非观，此阶段习惯比成绩重要。

4.青春期以后：说教、给建议点到即止，这阶段我们一定不要"唠叨"，要不断表达欣赏和信任，给孩子时间、空间去思考和调整，避免激发逆反心理。

孩子成长的每一天都是直播，没有回放，错过了就是错过了，所以我们要珍惜孩子成长的每一刻，哪怕再麻烦，也要忍住，要么就现在忍一下，轻松一辈子；要么放任现在轻松，未来要烦一辈子。

在这个世界上，几乎所有优秀的孩子都是父母用实实在在的努力和陪伴换来的，当中都充满麻烦与忍耐。父母甚至要比孩子更加努力，才能真正有所得。想要孩子变得优秀，父母真的不能嫌麻烦。

二、六组激励及安慰孩子的常用话语

我一直都认为，父母应把全世界最美好的语言送给自己的孩子，因为孩子的成长是需要我们的爱与肯定的。如果父母都吝啬自己的爱，试问还有谁会无条件地爱我们的孩子，谁会把这些美好的语言对我们的孩子说？

父母日常的语言，决定了孩子对待事物的态度，我们简单一句激励的话或者是安慰的话都能对孩子产生正面的效果。对孩子而言，父母爱的语言不仅会让他们感到快乐，还会成为孩子愿意努力的一种推动力，我们给予孩子的爱越多、鼓励越多、温暖越多，孩子就会成长得越好。

以下是我平时用于激励、肯定、安慰孩子常用的语句。

1. 能让孩子内心充满爱的话语

我们很爱你。

有你真好。

有你，爸爸妈妈太幸福了。

无论是怎样的你，我们都一直爱你。

我们会一直支持你，做你最强的后盾。

2. 能提高孩子自信心的话语

你做得真棒。

在我们心中，你就是最优秀的孩子。

你是爸爸妈妈的骄傲。

你太棒了！你是怎么做得这么好的？

我们真的需要向你学习……

3. 能让孩子更自律的话语

我们相信你。

就按你的想法去做。

你是怎样安排的？与我们分享一下好吗？

知道你这么会为自己安排，我们真的很放心。

自律的孩子会得到更多的自由，像你一样。

4. 期许孩子会变得更好的话语

我们要允许孩子犯错，也要允许孩子改正，知错能改就是好孩子。

没关系的，慢慢来，你已经一直在进步了。

你知道你身上有很多优点吗？

你的潜力已开始发挥。

好期待你接下来的优秀表现。

5. 孩子难过时安慰的话语

没关系的，有我在，来抱一下。

对不起，是我刚才没注意，请原谅我好吗？

真是件难过的事情，我借个肩膀给你哭一下，哭 10 分钟可以吗?

你已经很棒了，我像你这么大时没你做得好。

没事的，我们一起研究一下是哪出问题了。

6. 期许孩子美好未来的话语

我认为你未来一定能成为一个优秀的 ＿＿。

我觉得通过你的努力，你是一定能达成目标的。

我觉得你就是最棒的，你只是还没发掘出你的潜力。

我知道你一定行，因为你是一个对自己负责任的人。

我觉得未来你会是个很了不起的人。

我们不要低估平时与孩子的对话、对孩子的评价，事实上，孩子的未来都藏在父母的话语里。想知道对孩子说什么话是最好的？最简单的理解孩子的方法就是换位思考。经常回忆自己的童年，就能知道自己的孩子在想什么。如果是那个年龄或那种情况下的自己，最希望听到父母对自己讲什么？自己对孩子讲这些话就一定没错了。

三、与其"说不"，不如教会方法

很多家长都觉得自己的孩子不好管，说一百遍都没用，让人烦躁。其实，在孩子的成长中，很多事情没做好是否因为我们的教育方法不对？

美国哈佛大学社会心理学家曾做了一个实验叫"白熊效应"。这个实验要求参与者可以随便想象任何东西，但是不要想象白色的熊，结果参与者的思维出现强烈反弹，很快就在脑海中浮现出一只白熊。这个实验就证明了，你越不让一个人做什么，他越要做什么。连我们成年人都如此，更何况孩子呢？而且"你不要"带有命令的语气，当我们对孩子喊时，应该没有一个孩子会愿意听，他们会从内心抵触父母的命令性语言。

家长会经常限制孩子的各种行为，跟孩子说这个也不能做，那个也不能碰，不能这样做、不能那样做，却很少告诉孩子，他应该怎么做。比如下面的场景下，应该怎么做呢？

如：走路时不要乱跑

在走路或逛商场的时候，家长总要不断地说："不要乱跑，你不要乱跑，听到没？"结果就是孩子跑得更欢，或者就喊的那一下停了，马上又跑起来。其实我们只要经常对孩子说"在外面走路的时候一定要拉住妈妈的手"，就能达到效果。

如：你的玩具不要乱扔

这句话没有任何意义，仅仅是唠叨中的废话，因为孩子理解不了何为乱，其实无法达到我们想要的目的，但很多家长还是会一边收拾一边说："叫你不要把玩具乱扔了还是乱扔，我都说了你多少次了。"

其实，当我们想要孩子收拾的时候，给予简单指令就可以了。比如看完的书要放回书架，把小汽车放到抽屉里，把毛娃娃放在沙发上，把袜子放到洗衣篮里……孩子听得懂，才会去执行。对于从没有做过整理的孩子，有时即使指令很简单，他也不一定明白，这时就需要我们直接示范，比如"把乐高积木放进这个收纳箱里"，边说边示范放进去这个动作。示范几次后，孩子就明白了。

如：不要一个人过马路

孩子未来一定会一个人走路、一个人过马路的，所以要教会孩子：红灯停、绿灯行，黄灯等一等；过马路一定要走白色的斑马线，如果没有斑马线，就要确保两边都没有车才能过，而且不能跑，正常速度路尽快通过；大部分右转车道，是不受红绿灯限制的，所以过马路的时候一定要专心，确保没车才通行；一个人走路尽量选择人多的大路，避免走小路；靠右边行走；走路的时候不能戴耳机，以便能听到周围的声音；如果感觉有人跟随，可以不动声色地去到马路对面，如果对方同时跟过来那就请进商铺，或遇到人就停一停，实在没有人就快速跑向有人的地方；走路的时候一定要给人感觉精神抖擞、充满力量，因为坏人也会挑人欺负的，他们通常会选择心不在焉、有气无力的人。

孩子的成长及生活的经验，是需要日积月累的，与其阻止，不如教会他，如果孩子接受太多"不要"，等到真正面对事情时，就会不知所措，没法应付。

四、请让孩子知道：做错事是可以被原谅的

我们有时候会遇到孩子为了达成目的而撒谎骗家长，比如：谎称身体不舒服不去上学，借口生病让妈妈在家陪着，本来没有完成的事情却说已经做完了……孩子的撒谎形式多种多样，相信大家都遇到过。

但其实孩子撒谎并不能说明他性格顽劣，尤其是年纪较小的时候，他的一些谎言多是有一些内心的需求想满足而已，有时我们可能工作太忙，平时没有时间跟孩子相处，或者给孩子的爱太少，管教严格，他就会想出各种理由撒谎，希望爸妈多疼一下、宠一下；或者有时孩子贪玩，放假心心念念地与小伙伴玩耍，但被家长要求去补习班，但是身在曹营心在汉，所以想尽一切办法去玩耍。

孩子的谎言其实就是他的内在需求，我们做家长的不要轻视孩子的谎言，也不能没有了解清楚孩子撒谎真正的原因就大动肝火，认定他是个爱撒谎的坏小孩。这样可能他又用会另一个谎言去欺骗我们，导致我们没有办法了解他撒谎的真正原因。

之前有位朋友，她说："今天孩子做了一件从未有过的事，让我非常生气。吃过早餐我跟爸爸去了自家的工厂忙，孩子9点钟要去上英语补习课，结果他去了又回家了，他跟老师说他肚子痛，并且还跟老师说给妈妈打过电话了，事实是孩子并没告诉妈妈，他撒谎了。"这个妈妈听了当时气坏了，她说换她以前的方法，一定是狠狠地教训一顿那小子，问我如果是我会怎么处理？

我说回去会给孩子写封信或小字条（不敢当面责问，怕控制不了情绪），内容是：

亲爱的儿子：很抱歉，妈妈都不知道你肚子痛就让你去上学了，你现在好些了吗？需要带你去看医生吗？你的身体让妈妈很担心。还有，妈妈也不知道你为什么要对老师撒谎，说已给妈妈打电话了。这让我很担心难过，是什么让我儿子撒谎了？请问你能告诉我真正的原因吗？在妈妈的心中，你一直都是好孩子，妈妈会一直爱你，哪怕犯错了，只要知错能改就是好孩子。

这位妈妈试着把我说的抄了一篇回去给儿子，结果他儿子看了非常开心，说："妈妈你变了，你真的很喜欢我吗？其实是我很想回家，想跟同学多玩会儿游戏，所以撒谎了。妈妈我错了，对不起，你真的一直都爱我吗？"这位妈妈听到儿子的回答既高兴又难过，高兴的是儿子终于肯告诉她真话，难过的是她自己一直很爱孩子，但是孩子一旦犯错自己就会很紧张，会狠狠骂他、教育他，结果导致孩子认为妈妈是不爱他的。这位妈妈开始反省自己。

我们一定要给孩子多一点理解，更多一些爱心和耐心，不要轻易认定孩子说谎。给自己一个机会，也给孩子一个机会，当你温柔地、以关心他爱他为出发点去处理问题，你会发现你的孩子其实并不坏，他只是一个比较贪玩及很爱你的孩子。

为什么很多孩子犯错了不敢讲真话，甚至要编另一个谎言去圆谎？原因通常是父母的管教过于严格，对孩子不信任，对待孩子常用"很少原谅"的方式教育，造成孩子怕被打骂、被惩罚，只能再用谎言掩饰。

如果我们对孩子采用"先相信他，再引导他，多原谅，多包容"的方式，并主动告诉孩子我们会因他的撒谎而感到伤心难过，但只要知错能改就是好孩子，依然会爱他，让孩子觉得即使他做错事，他说的理由爸爸妈妈也都愿意听、都会原谅，并且会依然爱他，孩子才有说真话的勇气，我们才能及时找出真正的原因并帮助他改正，引导孩子往正确的方向前行。

五、与孩子讲道理，但他就是不听、不改，怎么办

我与很多家长交流时，他们都提到，孩子很皮，好像怎么跟他讲道理都没用，听不进去又不改，怎么办?

现在我们教育孩子已很少会动手，多会跟孩子讲道理，但最后发现，和孩子讲道理的结果就是：只感动了自己；我们认为自己讲的很有说服力，但其实只是把自己说服了，孩子根本没听进去。

思想家卢梭说过，世上最没用的三种教育方法就是：讲道理、发脾气、刻意感动。

单纯地讲道理，对于三岁后的孩子来说已很难有效，因为孩子已经有了自己的思想，只会做自己喜欢的事，听自己想听的话，我们的道理是很难直接灌输到孩子的脑袋里的，孩子不愿意接受。

怎么办? 最好的办法是让孩子去试错,让他自己承担结果。

日本有一个很有名的教育孩子的方法，叫作"结果承担法"。日本的家长不会不停地说教,会让孩子自己去经历。比如，冬天的暖炉碰到会烫到手，小孩子们还是不停去尝试。孩子的父母先是一番警告，但是越阻止，孩子越好奇，孩子的父母便放手让孩子去试错。结果，孩子果然不小心烫了一下手，之后再也不敢直接用手去触碰暖炉。

我也是经常采取这个方法。在圆圆 3 岁多的时候，她看

到家里的辣椒酱，一定要吃，我告诉她这个很辣，她不能吃，她哭闹不肯，而且还一定要用她自己吃饭的勺子自己盛进自己的饭里。没办法，我只能跟她说："可以，但你自己拿多少就要吃多少，一定要把它吃完。"她同意了，结果可以想象，辣得她眼泪直流，可以说是哭着把拌了辣椒酱的饭吃完的，为了减少辣的程度还主动加了不少饭。

但自此以后，我们对她说这个东西她不能吃，她再也不会随意哭闹发脾气。这"结果承担法"比较容易解决问题，让孩子去体验一次、做一次，比说100次都有用，主要是因为：

第一，孩子觉得自己得到了尊重，得到了满足，才不会老心心念念，有些孩子甚至长大了还记着这件没有被满足的事情，去尝试了才了结了心愿。

第二，让孩子亲自经历，自己承担后果，父母不仅能达到目的，还省了一番说教。有时，孩子该试的错还是让他去试，不要阻止。

很多时候，我们与孩子讲道理，通常是从自己的角度出发，给孩子强行灌输的，而孩子思考的问题及感受的世界却往往是从他自己内心的角度出发的。

曾有一个新闻报道说，父母偶然发现自己的孩子喜欢恶作剧，在回家路上捉弄一位盲人。但是父母并没有教育孩子要尊重他人之类的大道理，而是用毛巾蒙上孩子的眼睛，让他自己在外面走上一段路程。因为有这样的经历之后，孩子便认识到自己的错误，变得十分有礼貌，看到需要帮助的人都会主动跑过去帮忙。

有段时间圆圆很喜欢咬人，应该是出牙齿的时候，不咬牙胶却经常出其不意地对着家人的手臂咬一口、大腿又咬一口，咬完了还很开心地在笑，跟她讲道理说这是不对的，会很疼，但她不管，稍后就忘了。最后我趁她不留神，拿起她的手臂狠狠地咬了一口，痛得她呱呱叫，大哭。我抱着她问她是不是很痛，她说是，我说其实她咬别人的时候别人就是这么痛的，自此她就不再咬人了。

当孩子出现情绪问题的时候，我们不要去跟孩子讲他们根本听不进去的大道理，而是让孩子去做一次，孩子就什么都明白了。

孩子挑食不吃饭，就让他饿饿肚子，尝到饿肚子的苦头自然就会好好吃饭了。

孩子磨蹭拖延，就让他尝尝迟到被批评、作业没完成被惩罚的后果。以后听到闹钟还敢不起来？作业还敢不赶快写？

孩子不想上学，根据他的年龄，带他去干农活或去工厂上班甚至是捡垃圾废品，体验一下不上学以后依靠这样为生的日子；宁愿花一周的时间不上学也比不停唠叨讲道理有用。

只有让孩子真真切切地去试错、去体验，为自己的行为负责，孩子才能吸取教训，明白道理。不要只在口头唠叨，但就是不舍得让孩子受一点苦、一点累或一点委屈。想让孩子懂道理,我们应该口头少讲些道理,用行动让孩子明白道理。

六、我们应该不断地提醒孩子吗

很多家长对于孩子做作业或安排孩子干一些事情时，总觉得孩子不紧不慢的，家长要不断提醒，简直是操碎了心。虽然我们认为提醒孩子做事情是应该的，是为了孩子着想，但有没有想过我们的"提醒"或"让他去做"会让孩子感觉我们在控制他？

我们提醒的目的其实就是"控制"孩子去做，通常还希望孩子马上就去做。但每个人都不喜欢"被控制"，连小宝宝都喜欢说"不"，何况是已读书的孩子？虽然"提醒"的控制感比批评、责骂、命令等行为温和，但对于孩子来说这些行为给他带来的感觉是一样的，所以孩子对于这种"提醒"一定会存在抵抗情绪。

举个例子，当我们上班时，其实已经安排好今天什么时候完成什么事情，心中有数，但老板就是不放心，不断提醒这个做了吗、那个完成了吗、什么事情快点去做……我们的心情会如何？本来今天上班的心情还不错也会变糟糕，原来很乐意做的事情马上就变得厌恶，最后应付式完成就算了。

孩子的感觉也是一样的，当我们不断提醒孩子就会引起他们的逆反，即使在我们的提醒下作业完成了，但是质量一定会打折扣。

2021 年的广州街头，梁医生巧遇自己儿子来测核酸，突然一抬头看到面前站的是自己儿子，正在进行核酸采样的妈妈脱口而出"作业写完了没？"，本来见到妈妈后特别高兴的儿子，立刻耷拉下脑袋："我妈就关心这个。"

这句父母脱口而出的"灵魂考问"折射出父母对于爱孩子的意识是有误的，妈妈明明见到自己的孩子是惊喜的、高兴的，为什么就不能开心地对孩子说"宝贝，见到你太好了，妈妈很想你呀"，相信这样的话会让孩子感到快乐、幸福，内心充满力量，接下来无论妈妈跟他讲什么他都会认为妈妈是爱他的，他都能愉快地接受。

但大部分的家长回家看到孩子的第一句话都是："作业写完了没？"孩子本来看到爸爸妈妈很高兴，听到这话可能马上情绪低落，孩子的内心会想："你们想我吗？爱我吗？还是只爱做作业的我？"孩子也许会无言以对，就只能用行为来对抗：沉默、顶嘴、拖拉……

当孩子做一件事总要被人提醒时，他一方面可能出现抵抗情绪，另一方面内心会认为："这件事肯定是我不喜欢的，否则我怎么会总是要被提醒才去做呢？"我们总觉得孩子学习不够主动、积极认真，所以不断提醒，但正是这样的举动消耗了孩子的学习内驱力，孩子会从内心认为自己是不喜欢学习的。

我们不断地提醒，孩子会变得更自律吗？会管好自己吗？肯定不能！因为他们知道父母比自己更紧张，不提醒就不用做，慢慢地，孩子就完全没了自觉性。但不提醒孩子，并不代表我们就不管孩子。

（一）家长要控制好自己

不要看孩子到点了还不动就焦虑，老担心孩子完不成，担心他跟不上，就忍不住要"提醒"，到最后控制不住情绪甚至发火。老实说，控制好自己是最难的，所以要经常安慰自己，这些不会因为我此刻发火就改变。

举例来说，孩子写作业拖拉，很晚了作业都没完成，或者说要开学了作业还没完成。很多家长可能想都这么晚了，明天上学、上班又会受影响，就会责骂、训斥孩子："你是不是要气死我，写到现在才写这点！马上快点写！我看着你写！"虽然家长很焦急，但孩子是不会因为家长焦急而着急的，甚至反而因为有人在一旁盯着写不出或写不好。

如果是我，我就会严肃、冷静地对他说："写作业是你自己的事情，你要对自己的事情负责。现在已过了做作业的时间了，到了要睡觉的时间，你也不用写了，明天请你自己去学校跟老师解释你为什么没完成作业吧。"甚至还可以私下与老师沟通，请老师明天狠点批评自己的孩子，老师一次或两次的批评比我们每天的提醒有效，要让孩子自己承担结果，培养承担责任的习惯。相信之后他就不敢再这么拖拉。

（二）与孩子一起做时间规划

与孩子一起做学习计划、作业计划，让孩子知道什么时候自己该干什么。可以借用闹钟去提醒自己，但不能依赖人；我们要培养孩子自律、自我控制、自己要对自己负责的习惯。详细可参考本书中第五章的内容。

经常"提醒"，从眼前来说，是帮助了孩子，但是从长远的角度来说，是害了孩子，因为我们的提醒是在剥夺他的自我控制感，让孩子对于经常被提醒"学习、做作业"这件事情越来越讨厌。

举例来说，如果快开学了，他的作业没按原计划的进度完成，可能很多家长会哇哇叫，数落孩子一天到晚只会打游戏，就不写作业，就这个样子，假期一定无法完成作业。

我通常会不带表情、平静温和地说："按照原来的计划，你的作业是要完成一半了，但看这进度你应该是落下了，明天给你一天的时间加速，后天检查，请你尊重你自己定的计划，我相信你。"

通常当我们带着情绪与孩子沟通时，孩子会从你的情绪强弱来判断你生气的程度或者事情的紧急度，所以有些妈妈对着孩子讲话时会变成像疯子一样，关键是孩子还不害怕。为什么要把自己变成像疯子一样呢？

有句话说得好："张牙舞爪的人，往往是脆弱的。因为真正强大的人是自信的，自信就会温和，温和就会坚持。"所以我们与孩子沟通，就与他叙述事情，不要带情绪，严肃且坚定，这样会比吼叫更有力量！

七、如何让孩子意识到学习的重要性

很多家长经常会对孩子讲读书有什么好处的大道理，或不断对孩子唠叨你要用心读书、要上好的学校，才能考上好的大学、未来才能有好的工作……事实上，对孩子来说，这些道理没有什么用，讲多了，孩子可能内心是知道的，但以他现在的认知及人生经历，他们很难领悟到真正的道理，哪怕他承诺会努力、会用心了，也只是为了应付家长。

我与孩子沟通通常会比较直接。喋喋不休地讲大道理，可能孩子还不听、不改，自己也觉得烦，不如直接让她去感受，通过感受去教育她，让她真正在内心领悟。

比如，我们会直接把孩子带去农村、菜市场、搬运码头、大学校园、高级写字楼……让她见见不同的职业状态。再带她去全市最脏乱差的城中村及最高级的住宅区，让她目睹不同的生活环境。

然后与她谈未来，你的未来是想成为什么样的人：

在市场上卖菜的？杀鱼的？

水泥匠？搬运工？

还是老师？软件设计师？

或是医生？工程师？科学家？……

针对不同的职业，需要的文化知识、学历的程度也是不一样的，如果你希望能达成自己的目标，能够有能力选择自己喜欢的职业、自己喜欢的地方生活，那么你就要努力读书。

读好书与生存无关，与面子无关，但与选择的权利有关，读好书的孩子会比别人多了选择的机会。不读书也没什么关系，如果孩子能接受未来在这样的地方过这样的生活，那就不需要读书了，接受完义务教育就可以出来工作了，他的人生是自己的，自己负责。

有时候我们对孩子苦口婆心是没用的，不如让他见见现实的世界，把这个画面深深烙在他的脑海中，让他明白读书不是为了父母，而是为了自己未来的生活、未来的选择能力。

八、怎样引导孩子的攀比行为

现在的孩子，因为受周围环境的影响，很多时候都爱与别人进行攀比，别人有什么，很多孩子也马上要求父母购买，不能满足就发脾气、闹情绪、埋怨父母，让家长们非常头痛。

有家长问我，圆圆以前会攀比吗？你是怎么处理的？圆圆当然也会，其实每个人都会有爱攀比的心理，不单是小孩，大人也会，甚至更严重。比如家长爱说，"你看隔壁家的小王考了全班第五，你才考第十"，这不就是攀比吗？

但其实爱攀比也不全是坏事，就看攀比什么，比如孩子在学习上爱攀比就是件好事，这种攀比会使孩子更努力认真地读书，获取更好的成绩，能推动孩子不断向前。但现在最让家长头痛的应该就是物质上的攀比。圆圆小学一年级时连捐款多少都要攀比，我当时就马上拒绝了非她能力范围内的攀比，引导她往她有能力的学习方面去攀比。

在圆圆读一年级的时候，放学一回到家她就说明天学校要捐款，要我给钱，给越多越好，因为好朋友捐了200元，副班长捐了400元，还有坐旁边的同学捐了100元。我当时就给了50元，她说太少了，然后增加到80元，后来再增加到100元。

后来我就与她沟通了："圆圆，你知道吗？每个家庭的经济状况是不一样的，同学们之间是不应该这样比的，因为你们自己现在是没有任何能力挣到 100 元的。在人生成长的过程中，会有很多与人对比的机会，比如说比谁的书包更漂亮，比谁的鞋子是名牌，比谁家的房子更漂亮，等等。但请你一定要记住，这些都不应该比，因为这些都不是靠你们能做得到的。对于小学生来说，不如比一下谁更有礼貌，谁的字写得更端正，谁的作文写得更精彩，谁的学习成绩有进步，因为这些都是你们能够做到的。请要记住，不要在不是自己能力的范围内去攀比。"之后，基本很少再遇到她在物质这方面的要求与攀比，因为我们总会引导她，要对自己能力范围内的事进行比较才值得骄傲，就像爸爸妈妈也不会拿其他小孩子来与她对比一样。

很多孩子在成长的过程中都会有这样的一个阶段，所以出现这种情况是很正常的一个现象，家长不要急躁、不要急于给孩子贴负面的标签。孩子是很单纯的，他们喜欢新事物、好奇心强、喜欢模仿，还没有辨别是非的能力，只知道模仿，别人这样做我也这样做，别人买什么我就买什么，只是孩子的这种天真的心理常常会被父母忽视，就认定自己的孩子是个爱攀比的孩子。其实孩子需要我们给予正确的指引。

我们也要接纳每个人（包括小孩子）都会有一点攀比之心的事实。

首先，不要溺爱孩子，不能有求必应、喜新厌旧。

其次，培养孩子的金钱观，比如我在日常生活中都会让圆圆做家务赚零用钱，让她想要买什么东西的时候，用自己的零花钱买。通过劳动获得所需会让孩子更懂珍惜，慢慢减少在物质上攀比的意识。

最后，家长要以身作则，放平自己的心态，在孩子面前既不要炫耀也不要妒忌，用自己的行为为孩子做表率，给他树立一个正确的价值观、人生观。

父母是孩子最好的老师，父母一定要做好榜样。要知道孩子都是我们的影子，我们要做的就是正确地言传身教！

九、如何教孩子应对不喜欢的外号

相信每个孩子在上学的时候，都会遇到起外号的问题，或者是自己被起外号，或者给别人起外号。如果遇上非常不好听的或孩子不喜欢的外号，还会直接影响他上学的心情，甚至让他因此没有了自信。这怎么办好？要与老师沟通吗？

实际上，孩子们取外号不一定是侮辱性的，很多孩子给别人起外号只是感觉很有趣，或可能觉得对方很好，但不懂得如何去表达自己的喜欢，通过叫外号来引起对方的注意。当然，也有些是真的淘气或者关系不好的情况。

圆圆上一年级时也遇到了这个问题。

有一天，圆圆回家很发愁地对我说："我能不能改姓？"

我问她："为什么？出于什么原因要改姓？"

她说："因为我姓刘，所以很多同学给我起外号，叫我榴梿，我很不喜欢。"

我说："那换姓就能解决问题了？"

她说："因为姓赵没有什么外号能起，所以能行！"

我告诉她："别人要给你起外号是有很多方法的，不限于用姓为题材，所以改姓并不能解决问题。妈妈教你一个方法，如果同学喊你不喜欢的外号，你就不要理睬，因为叫的不是你，一直等他喊你的名字才回应。"

之后圆圆好像再没有受外号困扰了。其实我们小时候也有过被别人起外号的经历，处理的方法可以是告诉老师、告诉家长、奋起反抗、表达不满等等，但事实上，你越回应、越不满，越会让孩子们喊得更热烈欢腾，如果什么都需要家长或老师来出面，也只会遭到同学讨厌及反感。

我教圆圆的方法是：直接无视，对于喊你不喜欢的外号的人，你连一个眼神也不屑给他，更不用有任何反应，因为他喊的不是你，如果他真有事情要找你，一直让他喊出正确的名字你才回应。应该没有什么比无视更能打击他，当他慢慢觉得无趣，就不会再骚扰你了。当然，这也是在训练孩子要拥有一颗强大的内心。

到了圆圆三年级时，我看到圆圆的笔袋上写着"流沙包"。

我不解。圆圆满不在乎说"流沙包"是她现在的外号（依然没有逃脱刘姓的外号）。我说："那你有不喜欢吗？"她说没事，同学们闹着玩的，人人都有外号。这就是成长的力量，外号这个问题对她来说已不会造成困扰。所以，有很多事情当时用冷处理会更好。

在圆圆五年级时再跟她讨论起外号的问题，她说她的外号已从"流沙包"到"沙包哥"再到现在的"包哥"了。我诧异："为什么成了'哥'了，你在班上很凶吗？大家都当你是哥了？"圆圆说不是，只是大家觉得这样比较有趣，比较顺口，班上还有男生被人称姐呢！

其实，只要生存在社会上，就会不断有由于与人相处而产生的问题，如果一直需要别人来帮助解决是不现实的，因为问题永远解决不完。我觉得培养孩子解决问题的能力才是关键，这是父母对孩子最好的帮助。

十、对孩子发了脾气应该怎样补救

虽然我们都知道对孩子发脾气是不好的，也是最无效的教育方式，但有时候是真的控制不住哇！当然，我也有这样的时候，生气到失控！如果已经对孩子发火了，事后怎样补救才会把对孩子的伤害降到最低呢?

我通常的做法是:

首先是道歉,当已经控制不住发了火,应该在冷静下来后尽快向孩子道歉,不要觉得没有面子或不好意思,跟自己的孩子需要计较面子的问题吗? 我们是父母,但父母也会犯错呀! 谁说只有小孩才会犯错,也要允许父母犯错及改正,知错能改就是好父母,这也是以身作则教孩子做错事了要勇敢道歉。

我们可以主动俯身与孩子平视,或者主动抱抱孩子,说:"宝宝很抱歉,刚才妈妈没有控制好自己向你发脾气了,这是很不好的做法,让你难过了。对不起,你可以原谅我吗?"

除了会用语言,等孩子稍大一点,我也会用文字去道歉。(以下是我没控制好自己,在圆圆二年级时在对她发火后写给她的道歉信,她也马上给我回信并检讨了自己的问题,双方就马上冰释前嫌了。)

亲爱的女儿:

刚从书中看到了一段话,说教育孩子是三分教、七分等。

三分教是指教诲要适量,说教过多只会让孩子产生逆反心理,适得其反。

七分等是指父母要尊重孩子的天赋秉性、成长步调、敏感期等,对孩子要有耐心,让孩子去尝试、去体验、去失败、去成功；孩子需要时间成长和打磨，揠苗助长只会适得其反。

妈妈反思了一下对你说的话，还向爸爸告状，这确实是很不对的，我应该尊重你的情绪，应该相信女儿。对不起，请原谅妈妈。

其次是要接纳孩子当下的小情绪，聆听他的诉说，也许孩子会突然哭闹起来，那是因为他被惊吓后需要释放内心不好的情绪。从刚才的害怕到现在的生气，作为家长应该接纳他的不良情绪，让他尽情控诉，他可能也会说讨厌这样的爸爸、这样的妈妈，不喜欢你刚才的行为，都没关系，要让孩子尽情释放，尽情诉说。

最后要告诉孩子哪里是错的，以后要怎么改正，等孩子的情绪缓和了，就要与孩子沟通刚才的失控事件，要向孩子解释你为什么发火、他做错的地方在哪里，告诉孩子以后应该怎么做或者我们需要一起怎样改正。这样，孩子就能够理解原来爸爸或妈妈刚才生气是有原因的，不是无缘无故拿他发火的，这样就可以把一次失控事件挽回，变成一次教育孩子、调节情绪的好机会。

千万不能让发火事件就这样过了，或为了弥补刚才自己的过错，之后刻意补偿和安抚孩子，这样孩子永远不知道哪里是错的，也会一直担心你下次什么时候会发脾气，孩子会变得没有安全感。

十一、假期要让孩子忙起来

孩子放假是最让家长头疼的事情，孩子基本上只会玩、看电视，经过一个学期的努力好不容易建立的一些好的学习习惯，一个假期就毁了，假期作业不到开学都不完成，更别说其他学习安排了。

其实我们一定要理解，懒惰贪玩本就是孩子的天性，应该说是人的天性，也正因为人有这个天性，因为贪玩，所以才会发明出这么多有趣好玩的物件，比如电视机、游戏机、篮球、足球，等等；因为懒惰，才创造出了那么多能让人偷懒的现代科技，比如洗衣机、洗碗机、扫地机器人，等等。但很有趣的发现是，这些能让人"偷懒"的科技很少是中国人发明的，这是为什么？因为中国人太勤劳了，太勤劳的我们觉得干这些事没什么难的，所以自然就不会想弄个东西来解放我们的双手。

但现在的很多父母吐槽孩子贪玩，其实是"看不惯"孩子没有像我们以前那样勤劳，更多的父母其实是焦虑于孩子的学习，恨不得孩子能将所有的时间和精力都用在学习上，但爱学习胜于爱其他玩耍活动的孩子应该是没有的，哪怕有也是很少数，就像成年人一样，有谁只爱工作不爱玩？哪怕有，爱的其实不是工作本身，而是工作带给我们的收入或成就感而已。

所以，我们得接受孩子爱玩这个事实，接受了之后，就不会在看到孩子玩的时候浑身不舒服、想命令孩子去学习了！尽管不能因为理解孩子这个天性而放任孩子玩，但强制禁止孩子玩也是行不通的。我的做法是帮助孩子做"假期日程计划"，尽量多找些事给孩子干，这些事不一定是学习，就是要让孩子忙起来。

根据孩子的需求，可以让他去找同学玩，也可以请同学来家里玩，也可以看电视、玩游戏机，但总不能天天只是与同学玩或看电视、打游戏吧？所以就要与孩子一起商量，每天什么时间做什么事情，让孩子每天该干啥心中有数，就像他每天上学的"课程表"一样，几点上数学、几点上语文、几点上体育，清清楚楚。假期在家也应该有一个"时间表"，几点起床、几点看电视、几点做作业、几点玩游戏、几点做家务、几点约同学玩，也清清楚楚、明明白白。

一定要想办法让孩子忙起来，因为忙起来他才不会把更多的时间投入家长认为的没用的游戏中。如果太闲，孩子不玩会干啥呢？有多少有空闲的成年人会主动学习或干活的，不都是一闲下来就刷手机或打麻将吗？面对孩子的一些问题，我们不要只用嘴去唠叨孩子，因为这是无效的，我们应该看清人的本性，理解并换位思考，然后想办法帮助孩子解决。

我们要记住：贪玩是孩子的天性，只要不过度，都属于可以接受的范畴。如果我们想要改掉孩子的不良习惯，首先要明白这是人的天性，然后再想办法帮助孩子，列计划、定规矩、达成共识、及时追踪及反馈，这样既不会惹孩子反感，最后也能达成大家的目标。

十二、为什么现在的孩子不懂得感恩

现在越来越多的家长都觉得这一代孩子不懂感恩，不理会家人感受，任性，随心所欲，只要是家人不满足自己所想就大发雷霆，情绪失控。

之前也看到这样一个新闻，孩子向妈妈提出要买一个新手机，因家庭条件不允许，妈妈没有答应，孩子马上对妈妈拳打脚踢，外婆在旁边拉也拉不住，而妈妈也只会闪躲，并没有制止反击。相信这一定是孩子从小就被家长过度溺爱、过度保护、有求必应造成的，有时候父母付出得越多，孩子反而就越不懂得珍惜与感恩。

我们试想一下：

没感受过饥饿，如何懂得食物的价值？

没感受过寒冷，如何懂得温暖的可贵？

没尝试过劳动，如何懂得生活的不易？

没尝试过挫败，如何懂得成功的喜悦？

没感受过贫困，如何懂得珍惜现在的美好？

所以，从小就要与孩子"谈责任"，不要让孩子理所当然地认为"别人的帮助是必然的"，哪怕是父母的帮助都不能视为天经地义，要经常让孩子清楚地知道什么是自己的事情，自己应对自己的事情负责。比如孩子上学，要与孩子说清楚："叫醒你的应该是闹钟或你自己，而非父母"，如果你起床晚了迟到了，我们可以送你到学校，但迟到的后果应由你自己承担。我们要经常提醒自己，如果不想将孩子培养成"白眼狼"，就千万不要替孩子做太多，不要助长孩子的受之无愧感，要去教导孩子懂得感恩。

但我们也要明白，感恩不是简单的孝顺，而是孩子在成长过程中对所有人和事都存于内心的品质。现实中有很多家长会用要感恩父母来做道德绑架，但如果我们现在用自己的爱来投资孩子，并要求孩子将来一定要感恩自己，我们的爱就已不纯粹，对孩子来说是没有说服力的。

但我们可以在日常生活中去引导和影响孩子，对生活中任何事情都应心存感激，因为只有懂得感恩，才能更清晰地感受到别人的付出，才可以改变孩子的态度，养成善良的品格，明白自己拥有的美好生活源于父母在背后的付出。

我为了让圆圆懂得感恩，除了日常谈责任外，还会经常带领她去帮助有需要的人，如一直都参加中国扶贫基金会对贫困孩子的资助，从小学开始，每年六一儿童节就会用她的压岁钱去邮局捐赠一个爱心书包给山区贫困的孩子，希望让她明白她比很多孩子都幸福，她应感恩有这么多爱她的人，感恩现在拥有的生活。

翻开 2010 年 6 月的日记，上面记载着：

今天带你去邮局捐了一个爱心书包给四川的一个贫困孩子。你的生活很幸福，但还有太多的孩子因为穷而没有书读，没有文具，妈妈希望你能在帮助别人的时候，好好珍惜现在的生活，也希望你能给你的捐赠对象许文静更多的鼓励，除了物质上的还有精神上的鼓励。我相信女儿能做得到，你的一封信里短短的文字也可能给别人很大的鼓励，所以一定要经常给予别人鼓励、赞美、帮助，这样才会成为出色的孩子。

事实上，圆圆也做到了，此后的每年六一儿童节，圆圆都会到邮局给小朋友寄一个爱心包裹，写上鼓励小朋友的话，也收到了捐助小朋友寄回来的感谢明信片。然而，不记得在哪一年就没有收到这个项目的相关信息了。今年 5 月，我收到了中国扶贫基金会寄来的包裹，其中有一本小画册、加油未来书签以及一封倡议书，原来"爱心包裹"项目已改为"加油未来"项目，是通过月捐一对一帮助一名乡村小朋友。当时还在牛津的圆圆获知，马上扫码加入了月捐计划，希望能尽自己的微薄之力帮助小朋友实现读书梦，我也因她的捐助行动如此迅速而感动。

真正爱孩子的父母不会给孩子灌输"我们为你付出了很多，未来你一定要感恩我们"的观念，因为当初把孩子带到这个世界是没有经过孩子同意的，这个选择是我们自己做的，我们理应为自己的决定负责而不能图回报。但我们可以通过日常生活中一切充满善意的行动来影响孩子，因为感恩的出发点是积极的，过程是无私的、利他的，这既是一种精神激励，也可以体现孩子主动积极的人生态度。

当孩子拥有感恩这种品质时，我们就不用再担心孩子变得自私、不负责任、不理会别人感受、不感恩爱他的所有人。

十三、旅行会让孩子真切感受到学英语的重要性

与朋友们聚会时，有一位朋友谈到，她女儿今年上四年级，语文、数学成绩都还不错，唯独英语成绩不行，即使上了各种课外班，成效也不明显。孩子从内心抵制学英语，对爸爸妈妈说我以后又不出国，学英语有什么用啊？

听着好像也很有道理，但英语有多重要？孩子上学，语数英被称为三大主科，中考和高考必须考英语，而且分值还很高，如果放弃英语，哪怕你其他科的成绩再好，总体成绩

也会受到很大的影响。这位妈妈与我沟通时表示很无奈，补习的钱也花了不少，但孩子从内心觉得没需求，所以作用也不大，我建议她等疫情缓和了，带女儿去英语国家走一趟，但不要跟团，要自由行。

圆圆小学的毕业旅行，我们选择去新加坡，此行的目的不只是观光，更重要的是想让圆圆深刻认识到英语的重要性。如果不掌握好这门最多国家使用的语言，出门在外会很被动。选择新加坡自由行的原因，一是新加坡是离家较近的官方语言是英语的国家，二是那里的有些华人还是可以用普通话或广东话沟通的，且费用相对低一点（事实证明新加坡的消费并不低）。

那次我们规划的是5天的自由行（很多朋友都觉得不可思议，新加坡那么小的地方哪值得玩5天，2天就游完了），但我们的目的并非只是旅游观光，最后我们也只是去了环球影城，其他时间基本上是穿梭于市井中。做此次毕业旅行的规划分工时，我们就与圆圆沟通，本次旅行她是主角，所以我们都会听她的，她负责以下内容：

第一，这5天的旅游行程规划。虽然是第一次做，但因为放暑假有空，她可上网查阅驴友们的旅行攻略，哪些地方她有兴趣的，由她来安排。

她花了大量时间搜集资料，阅读了很多相关的行程，所以她做的行程基本上我们都采纳了，这也让她掌握了做行程规划的重点和方法，同时她也会更加尊重别人的行程安排，不会随意点评及挑剔。因为她明白，做一次行程安排不容易，要考虑的事情很多，别人需要付出很多的时间及精力，所以对待别人的安排会更加宽容及理解。

第二，负责英语沟通。新加坡是一个以英语为官方语言的国家，我们的英语不行，所以本次的旅行沟通交流，如机场登机、酒店入住、买东西问价、问路等都要由她来负责，也正好是她学了6年英语的一个检验。

原来圆圆的英语成绩是不错的，但是在国内上学多是应试教学，这和实际生活中切身体会是不一样的，特别是口语交流，是很多国人的痛，可能阅读或书写还好，一到口语交流就结巴。本次的体验就是希望能让圆圆从内心明白，学英语不单是为了考试，而是生活中的必要技能。人只有改变观念才能改变态度及行动，正所谓"思路决定出路，观念改变人生"，当孩子对英语这一科目改观了，她的行动力才会不一样。

事实上，本次旅行对圆圆的影响是极大的。她原以为自己学了6年英语，且成绩一直很好，学校设置的情景学习都能积极参与并表现不错，在实际的行程中不会有问题，而实际上她很多时候都不敢主动沟通，最后甚至要逃避，让我们去沟通处理。我们也没有强迫她，因为我们知道成长是需要时间的，锻炼她的目的只是让她内心真正意识到英语的重要性。

本次旅程对她的冲击应该不小，回来后她自己就在苦练口语。在她初中毕业的旅行中，我明显感觉她已不一样，从之前的退缩到现在的主动沟通，能真切感觉到她的自信与流畅，但这三年她并没有参加过任何课外补习班，同样只是在学校英语课堂上的学习，可见观念的转变对人的影响力有多大。

所以说，对于那些认为学习英语无用的孩子，如果用了很多办法，孩子仍然无动于衷，那么请家长带孩子出国旅游一次，穷游也好，富游也行，都不重要，重点是让孩子感受一下世界那么大，英语是世界上应用最多的语言，如果到了国外，语言不通，想吃到喜欢的东西都是个大问题。

十四、怎样鼓励孩子更有用？

现在很多父母都已习惯对孩子进行鼓励，但很多家长在交流时都谈到，说来说去只会讲：你真棒、你真乖、你真优秀！甚至还有父母说，真不知道自己孩子有什么好夸的，半天都想不出一个词来，以至于我们有时的鼓励对孩子起的作用不大。究竟如何鼓励孩子才有用，我们应如何做一个懂得鼓励的家长呢？

我认为要注意下面四点：

（一）要抓住时机

当孩子做得好的时候我们马上就要肯定，因为夸奖也有时效性的，如果没能及时给予孩子表扬和鼓励，等到过后再来补上，效果会大打折扣。很多时候孩子不能坚持，是因为没有人及时给予肯定，孩子并不是不想做好，而是孩子本身并不清楚怎样做才是对的、才是好的，需要我们不断地引导与肯定，请相信我们的言语对孩子来说是非常有分量的。

（二）要对事情进行描述

我们在鼓励孩子时，可以对具体的事情进行描述，让孩子更清楚这样做是对的，是值得期许的。

比如，表扬孩子上学早起，如果我们只对孩子说"你今天准时上学真棒"，其效果就比不上对她说："今天是你开学的第一天，但你已经马上调整状态按点起床，真为你的自律感到骄傲与自豪，妈妈送你上学时，内心都是甜滋滋的，看着你步入校园的背影是幸福的。"

（三）不要只表扬结果

当孩子面对新挑战时，我们要告诉孩子，结果如何并不重要，努力去争取的过程才是最重要的，这样可以减轻孩子的心理负担，让他在迎接挑战时，不必担心是否失败、家长是否会对自己失望，而是可以全力以赴、乐观面对。

比如，孩子说他上课积极举手发言，如果我们表扬说"你真棒，那你会答吗？答对了吗？"，这样孩子下次举手前就会迟疑，担心结果。我会这样说："你真棒！能大胆积极地发言，做得太好了，继续大胆举手，积极回答老师提的问题，就算答错了也没有关系，因为你已经争取了回答的机会，错了改正就行了。"

（四）可以与孩子谈内心的感受

当孩子取得成功后，我们可以认真地询问孩子的感受，让孩子通过语言表达自己的心情，从而加深孩子自己的感受。我们通过提问来让孩子感受到自己也是个很有能力的人，这会增加他的自信，为了这份满足感他也会继续努力。

比如，孩子考试取得了好成绩，如果我们只说"你太棒了，你真优秀！"，肯定比不上再问一问"你这次取得这么好的成绩开心吗？能与我们分享一下你取得好成绩的秘诀吗？你觉得你这段时间做得最好的是什么地方？"父母对孩子的鼓励是伴随孩子成长最好的礼物，每个孩子都希望能得到父母的鼓励及他人的认可，一个小小的鼓励有时候会让孩子的一生出现转折，所以，家长不要吝啬给予孩子鼓励，用鼓励代替表扬，会让他们获得更好的成长。

十五、应引导孩子交什么样的朋友？

我们都知道，对于孩子来说，上学前对孩子影响最大的是父母，上学后除了父母还有老师，当孩子进入青春期，除了父母、老师，对孩子影响很大的还有朋友。

与很多家长在交流的过程中，大家都不约而同地谈论到一个问题：孩子现在到了青春期，怎么引导孩子交正确的朋友？我们应该怎样与孩子谈交朋友的标准？

青春期的孩子很多时候更多地认同朋友，而不是父母，朋友会在孩子的感受和决策上发挥至关重要的作用。有时这些影响对孩子是否有益，就取决于孩子的朋友是谁。在知乎上有一个问题：什么样的朋友是最好的朋友？其中一个高赞回答：希望你好的朋友。

与圆圆平时的沟通中，我们的建议通常是：请与充满正能量的朋友在一起玩，大家的话题应该都是积极正面的，对未来充满无限憧憬及热爱生活，对知识的获取、学习的成绩都应是努力追赶的。如果说要给出衡量的指标，那就是你与这些朋友沟通交往中，你的知识面越来越广，成绩越来越好，心情越来越快乐，那这些朋友就是适合的，可深交，反之应远离。

其实孩子交朋友与我们成人一样，如果我们认识了这个朋友，每次的相处都是愉悦的，每次见面都是能诚恳地给出对你好的建议，并且大家对未来充满信心与希望的，我相信这就是值得交的朋友。

其实也与我们的婚姻一样，如果当你与另一半相识相爱后越来越开心幸福，生活越来越蒸蒸日上，孩子降临后家庭会喜悦、会珍惜、会陪伴，那这就是一段好婚姻。但有些伴侣在恋爱期就吵闹不断，经常陷入伤心、难过、绝望。生活质量还不如单身时期，但又寄望于结婚就会变好，结婚了自己就能改变 TA。这都是很傻的想法，不是说哪一个人好与不好，只能说两人不适合，有时对别人可能是蜂糖，但于你，也许是毒药。千万别想着自己能改变，将就只会拖垮彼此，结局是不会变的。

如果我们发现孩子有了新朋友后，孩子经常因为朋友而不开心甚至哭泣；对自己没有了自信；为了朋友开心单方面讨好对方，勉强去做一些自己不喜欢的事情。或者孩子总被朋友嘲笑、贬低；孩子的想法及意见不被尊重；孩子因为这段感情产生了厌恶自己的想法；还有被要求"做坏事"来表示对朋友的忠诚等。孩子有这样任何一个现象就证明孩子交的这个朋友是不合适的，无论是普通朋友或是恋爱朋友。

但是我们不能简单粗暴干涉，要知道，青春期的孩子最讨厌的就是我们父母的干涉及说教。如果我们直接对他说，

"别跟那个同学玩，他的成绩很差会影响你。"

"你以后不要跟那个谁在一起，他人很坏，会教坏你。"

可能还会起反作用，孩子的逆反心理会造成你越阻止，他们关系越牢固。

因为选择和谁交朋友，是孩子自己的事情，我们要尊重他。但可以在平时的沟通过程中，用客观事实来描述事情，如：我发现你自从交了这个朋友后，经常不开心，甚至有时还很难过，好像做事情也没以前有信心了，是什么原因呢？可以跟我一起分享一下吗？温和地进行客观描述的沟通方式，不容易造成孩子的抵触和反感，孩子会较容易打开心扉，才会把真实的想法告诉我们。我们通过罗列事实，来帮孩子梳理思路，让孩子自己得出结论，判断这段友谊是否该继续下去。

其实对于孩子结交的朋友，我们很难单从外部条件去判断好坏，可能一个成绩非常好的孩子，却自私自利、性格忧郁、没有同情心、看不起别人。另一个成绩不怎么好的孩子，却善良勤奋、热情开朗、乐于助人、待人体贴，你说哪个比较好呢？所以我们不能以表面的条件，如"你应该与成绩好的同学交朋友""你应该找家庭环境比较好的做男（女）朋友"，但我们可以以内在感受为条件，那就是"你与这些朋友沟通交往中，你的知识面越来越广，成绩越来越好，心情越来越快乐，对未来越来越有信心"。

我们的目标不是让孩子承认他有一个坏朋友，而是要让他对与这个朋友的这段关系进行深思熟虑的分析。不要认为孩子小不懂思考，当我们对孩子进行客观陈述，孩子就会懂得判断及选择，因为人的本性总会做出利于自己的选择。是否越来越好？越来越快乐？这对孩子的人生才是最重要的。

正所谓"近朱者赤，近墨者黑"，青春期的孩子是非分辨能力并不是很强，一旦交往到品行不良的朋友，有可能就会荒废学业，变得思想颓废、行动消极，被一些不良行为同化。很多时候需要我们在旁客观分析，正确引导！

附录 ————

方圆蜜语——成长印记节选

一、共同日记节选

（一）严于律己、宽以待人（2008-09-16）

亲爱的女儿，妈妈非常开心地知道你在学校受到了老师的认可和重视，连记录小朋友们的表扬和批评都选你来负责，这是因为你表现优秀、让老师有信任感的缘故。

但妈妈又有点担心，女儿会不会因此老挑同学们的不足之处呢？千万不要这样，我们成为别人喜欢的人是因为我们懂得发现别人的优点、长处，懂得表扬、赞美别人，所以女儿一定要多发现同学们的优点，多帮助做得不够好的同学，与同学们一起进步，这才是一个三好学生应具备的条件，我相信我的女儿一定能做得到！有一句古语说："严于律己，宽以待人。"意思是说：对待自己应该是严格要求，但对待别人应该宽厚，这样才能赢得别人的喜爱与尊重。

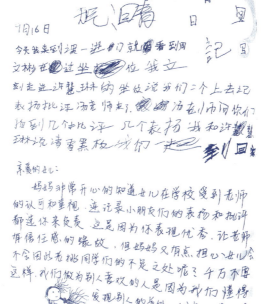

（二）赞美孩子的日记（2008-12-01）

我觉得今天女儿写的日记真的很棒，棒在哪里呢？

1. 能够将汤老师表扬你这件事表达出来。

2. 有自己的心理活动描写："我觉得这是我应该做的事情。"

3. 将自己心情表达出来："我很快乐。"

我看到女儿能写这样的日记真的太开心了，女儿已经又进步了，从以前单纯地写一天发生了什么事到现在会抓重点，再加上自己的感想，真的不一样了。你更加优秀了。有这样一个出色的女儿妈妈很快乐，你快乐就是我快乐！I love you!

（三）当上了一年级的班长 (2008-12-12)

听到女儿被选上班长的消息，妈妈也非常激动，我觉得我的女儿太棒了，真的了不起。妈妈觉得能做班长的一定是个成绩都很好，热心帮助同学，将知识、快乐都送给所有（人的）同学。

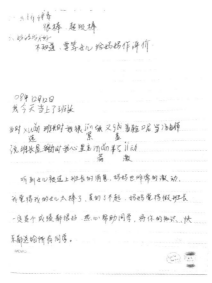

二、方圆蜜语博客节选

（一）出卖劳动力赚买书钱 (2011-04-06)

出卖劳动力赚买书钱　(2011-04-06 20:37:57)

标签：寻梦的世界　阅读　教育意义　女儿　大会　育儿　分类：亲子路

妈妈想买两本书《寻梦的世界》送给女儿，打算在网上订购共30元，你问妈妈能不能订，妈妈当然支持。这可是两本好书，非常有教育意义。于是你在当天马上就在网上订购了，但现在的问题是买书的钱从哪里来？平时去书店里是刷卡付款的，上次网上订书你问刚刚将有钱是钱可以付款。"但这次书到了你有钱付款吗？"我问。你说："没圆圆想买两本书（《苏菲的世界》及《女巫》），打算在网上订购，共 30 元。你问妈妈能不能订，妈妈当然支持，这可是两本好书，非常有教育意义，于是你昨天马上就在网上订购了。但现在的问题是买书的钱从哪里来？平时去书店都是妈妈付款的，上次网上订书你因刚好有红包可以付款。"但这次书到了后你有钱付款吗？"我问。你说："没有。""那怎么办？"你说："不知道，妈妈有钱，请妈妈付款。"我说："钱是妈妈上班赚回来的，不能随便给。"你担忧了："一定要给呀，因为书已订了，送到家就要付款。"我说："随便给肯定是不行的，但你可以通过你的劳动来赚钱，你的书几天会到？"你说 6 天。"那每天要赚多少钱 6 天才够 30 元？"你算一下说 5 元。"那你每天晚餐后就帮妈妈洗碗吧，洗一次就给 5 块钱。"你苦着脸有点不乐意，但是想想书到了没钱付也不行，所以就把这活承担了下来。

亲爱的圆圆，其实妈妈并不是缺这 30 元的买书钱，也不是要为难你，只是希望你能知道，所有的东西都是付出代价的，有付出才会有回报，也想你能体验通过自己的劳动换取所得的乐趣，相信以后每当你看这两本书时都会特别珍惜，因为它们是你自己赚钱买的，意义非凡哪！

老实说，请你这个洗碗工还挺贵的，但是为了帮助你快点买到书才出此价，下次要降价的，请有心理准备呀！

除了洗碗，当然还要刷锅！

（二）假期在家的安排表（2011-07-05）

假期在家的安排表 (2011-07-05 19:21:41)

标签：北京 圆圆 游泳池 安排 英皇 分类：孩子篇

放假圆圆每天晚上吃了晚饭后都向游泳池狂奔，每天都游到九点钟，游泳池关门才回家，我已好几天没听到你练琴了，因为原来练琴的时间晚去游泳了，我开始感觉不对劲，这样下去8月份的英皇考试怎么行？

白天又是与楼下的同学拼命玩，确实有点失控了，昨天忍不住要与圆圆沟通了，让她总结这几天

　　放假圆圆每天晚上吃了晚饭后都向游泳池狂奔，每天都游到9点钟游泳池关门才回家，我已好几天没听到你练琴了，因为原来练琴的时间就去（都用来）游泳了，我开始感觉不对劲，这样下去（的话），8月份的英皇考试怎么行？

　　白天又是与楼下的同学拼命玩，确实有点失控了，昨天忍不住要与圆圆沟通了，让她总结这几天是怎么过的，做了些什么。你说玩，什么也没做，我问晚上还要继续游泳吗？你点头，那练琴的时间该如何安排呢？还有马上就要去北京旅游10天了，暑期作业又如何安排好呢？既然晚上你是要用来游泳，那所有的安排只能在白天进行了，请你做一个白天的安排表给我吧，如果你能安排好，你晚上就可以继续游泳，反之，只能取消游泳了。

　　你回房间写了这样的安排：

　　1. 7:30—9:30 写作业

　　2. 9:30—10:00 休息一会儿

3. 10:00—11:00 练钢琴

4. 11:00—13:30 休息、吃午饭

5. 13:30—14:30 练小提琴

6. 15:00—16:00 写博客或看电视

我觉得你的安排非常好，但关键的是执行，没有行动的计划是没有任何意义的，今天你已开始执行了，非常好，希望这暑期能坚持下去，你一定可以的，妈妈最相信你了！

（三）锻炼你的时候到了！（2012-01-16）

锻炼你的时候到了！ (2012-01-16 20:46:49)

标签: 育儿 圆圆 医院 意见不合 琴行 分类：孩子篇

今天早上奶奶说头晕不舒服，需要去看医生，但是我今天早上有一个非常重要的会议，一定要准时上班，怎么办？急!!!

突然想到还有圆圆，正好是锻炼她的时候，马上喊她换衣服跟去医院，由她来陪奶奶看医生。圆圆说她不愿意，她不想去，我急了，一口气跟她说："这哪是愿不愿意的时候，你以为去玩吗？谁愿意去医院，但现在是急事急办，奶奶不舒服，爸爸不在家，妈妈要上班，这时就是你挺身而出的时候了，妈妈送你们去医院，由你全程给奶奶看

今天早上奶奶说头晕不舒服，需要去看医生，但是我今天早上有一个非常重要的会议，一定要准时上班，怎么办？急!!!

突然想到还有圆圆，现在正好是锻炼她的时候，于是马上喊她换衣服跟去医院，由她来陪奶奶看医生。圆圆说她不愿意，不想去。我急了，一口气跟她说："这哪是愿不愿意的时候，你以为去玩吗？谁愿意去医院，但现在是急事急办，奶奶不舒服，爸爸不在家，妈妈要上班，这时就是你挺身而出的时

候了，妈妈送你们去医院，由你全程陪奶奶看医生，包括听医生讲病因、排队付款、拿药，还要扶奶奶去打点滴，妈妈开完会马上到医院接你。"

好在圆圆也比较配合，用最快速度换好衣服、收拾好她10点还要去琴行上乐理课的资料，随手还拿上一本课外书，我说去医院还带书？圆圆答奶奶如果要打点滴会很长时间，不带书会很闷的。

会议一结束，我马上到医院接圆圆去琴行上课，圆圆一上车就跟我汇报她陪奶奶看病的全程工作，看来已是个可以承担责任的孩子了。感谢你为妈妈分担工作！真是了不起的孩子！

下午圆圆还要去学校参加学习。我因要赶回公司，所以提早就要送你去，自己先待在学校看会儿书吧；但放学没人接，又怎么办？于是我提议你跟一起培训的同学沟通，请她们的妈妈来接时顺便把你也送回家，这正好是提高你沟通能力的时候，你一定能做得到的，在不断的鼓励下你终于答应了。

下午5点多的时候，我打电话回家，奶奶说你还没回到家，我有点担心。同事们提议我打电话问问不就行了，我说圆圆没电话，说让我打电话给送她的家长问问吧，我说我不知道她找到了哪一个同学的家长送她！同事们无语："怎么有你这样做妈妈的，这么放心！"

好在10分钟后就收到圆圆已到家的来电，我问为什么这么晚,你说为了不用同学的妈妈要掉头绕远路,所以提早下车,自己走的路比较远,因此多花了时间。

懂得为别人着想的孩子是好孩子,妈妈表扬你!

三、书信交流节选

(一)生日写给孩子的信

亲爱的圆圆:

想想妈妈已很久没有写信给你了,今天好像有很多很多话想跟你说,但还是先祝你在新学期生活、学习都快乐!

转眼你的人生岁月已跨过10年,还有一个多月就要正式迎接你11岁的生日了。妈妈看着与我同高的女儿,既幸福又伤感,幸福的是有一个如此独立、上进、有礼的孩子,伤感的是,妈妈离自己的青春岁月越走越远了。老实说,养育你确实是件很辛苦的事情,你的一切都会成为我与爸爸担忧的焦点,你的成长、健康、安全、学习、交友及以后的升学、工作、婚姻都会是我们的关注点,但你不必内疚,因为你带给我们的快乐远超我们的付出。

非常感谢你成为我们的女儿,你的到来是我一生中最重要的事情，你让我荣升为妈妈。以前我只是外婆的女儿，一直享受着我妈妈给我的爱，但你的出生让我学会了给予爱。被爱与给予爱都是人生重要的功课，我又学到了。这10年来你一直都在教我怎样做一个好妈妈，你教得很好，我一直都在努力学习着，我从没认为做父母的都是对的，我和爸爸也是从孩子成长的，孩子会犯错，成为父母也会犯错误，关键是知错能改，所以我经常都要向你请教怎样做才是好妈妈。

你现在快11岁了，很多事情都已有独立的思考能力，有自己的想法，我们一直也非常信任你，一直都想办法给你更多的快乐和更大的自由空间，但对于日常的行为规范（如礼貌、习惯等）还是会强制要求，其他都只是给建议、给意见供你参考、选择，但最后我们都会尊重你的选择，因为我相信你一定会做出最有利于你的决定。可能随着你长大或到了18岁后，我和爸爸连建议也少了，除非你主动征求我们的意见。人生如果所有事情都是别人哪怕是父母来决定的，那还有什么乐趣呢？做出对的选择，就尽情享受成功的快乐，当然，如果选错了，就勇敢地承担失败的痛苦与压力吧！这也没什么，因为有喜有悲、有苦有乐才是真正的人生。但记住，哪怕是失败了，我和爸爸也都会支持你，包容你，鼓励你，给予你最温暖的港湾。

我和爸爸再次感谢你，在我们的未来岁月，因能看着你在自己的人生舞台上表演，我们的生活更幸福！

祝愿你在迈向 11 岁人生时扬起你的帆，勇敢地追逐你的梦想，请记住你要对你的人生负责！

爱你的妈妈上

2013 年 2 月 26 日

（二）新的一年写给孩子的信

亲爱的圆圆：

新年快乐！2013 年转眼就过去了，回顾今年的日子，亦非常有意义。

今年你的足迹从南（海南）走到北（北京），从西（西藏）走到东（福建），纵横了整个中国。每个旅程对你来说都是精彩的、难忘的、有收获的，从你的生活上、品德上、学习上也看到每次旅行对你的帮助。

这几天你一直碎碎念着，今年你一次都没有被妈妈预约面谈，这是你引以为傲的事情。事实上，今年你的表现真的非常优秀，学习上完全不用操心，生活上完全独立，行为上感恩有爱有礼，除此之外，还勤快地承担着家中的地板清洁工作，你在今年的表现是如此出色，还何须妈妈与你面谈、检讨呢？爸爸妈妈都为有你这个孩子而感到骄傲、自豪。

展望 2014 年，你将迎来人生重要的转折点：

1. 你将迎来你 12 岁的人生，这是告别儿童的分界线，你会迎来属于你更精彩的少年人生，当然，还需要对自己的行为负起应有的责任。

2. 是你小学升中学的重要时刻，你会进入哪所学校学习？爸妈对你没有高要求，我们希望你自己选择自己喜欢的学校，我们相信你一定能考上，成为你喜欢学校的中学生，因为你是个对自己很负责任的孩子。

3. 是你开始有能力当弟弟妹妹们的老师，很高兴今年你已开始帮助一些小孩学小提琴、学钢琴，也可以陪她们练琴，教她们一些技巧。相信明年你一定能够做得更好，当然你自己还肩负着英皇考级的任务，我们相信你一定能做到。

亲爱的宝宝，再次感谢你成为我们的女儿，我们一直都很感恩上天赐给我们这么宝贵的礼物，爸爸妈妈会很负责任地陪伴你成长，并不断学习如何才能做一个合格的父母，希望能与你一起前进。

最后再次祝福你新年快乐！一生一世都健康、平安、幸福！

爱你的妈妈上
2013 年 12 月 31 日

亲爱的圆圆：

新年快乐！2013年转眼就过去了，回顾今年的日子，相当充实，非常富有意义。

今年你的足迹从南（海南）走到北（北京），从西（西藏）走到东（福建），纵横了整个中国。留下旅程对你来说都是精彩的、难忘的、有收获的，从你的性格上、品德上、学习上也有许多收获伴行对你的帮助。

这几天你一直在碎念着，今年你一次都没有被妈妈预约的面谈，这是你引以为傲的事情。事实上，今年你的表现真的非常的优秀，学习上完全不用操心，言语上完全独立，行为上懂恩师敬有礼。除此之外，还主动协助帮着家中做地板清洁工作，你在今年的表现是妈妈的骄傲。还有爸妈与你面谈、检讨时，爸爸妈妈都为有你这个孩子而感到骄傲、自豪。

展望2014，即将来你人生重要的转折点。

一、你的即将来你12岁加入人生，过着告别儿童的合家戏，你会迎来属于你更精彩的少年人生，当然，还有需要对自己的行为负起更有的责任。

（三）高中毕业写给她的信

亲爱的圆圆：

18 年来给你写过无数封信，真想不到作为展示重要场合相送的信件是在这种的情况下准备的，再次证明是自己要做的与别人要你做的区别，当是自己发自内心觉得需要做的事时行动力超强，但当是别人要你做的事时总有千百种拖拉的理由，甚至忘记！希望妈妈这次写信事件能给予你启示，也给予我教训。

亲爱的宝宝，感谢你成长得那么好，每次我与爸爸想起你、谈论起你都无比幸福，嘴角上弯，无论你是小 baby，还是现在的大学生，或是未来别人家的太太、妈妈，在我们心中永远都是我们的小宝贝、小公主。

现在的监护人已是你自己，所以你的每一个选择，每一个行为都是你自己负责了，但是我们对你非常有信心，相信你有这个能力，有保护自己、为自己选择最佳方向的能力。

下一个月你就正式远离我们远赴异国求学，我们也与所有的父母一样，会充满思念、会担忧、会盼望，但不会轻易骚扰。未来的你也尽管顺从你内心的方向选择你的爱人、选择你的工作、选择你的居住地。爸爸妈妈会照顾好自己，自娱自乐，不给你造成负担，你尽管放心追求你的人生，尽情在你喜欢的领域探索，在你喜欢的人身上花心思。

我们绝对相信你能成为牛津最优秀的学生，社会上最优秀的人才，家庭中最优秀的太太和母亲。因为你在这18年中的每一个角色都是最优秀的，如能给我女儿打分，我们会打满分 A⁺。

此刻妈妈是坐在车里面给你写信，写着写着就禁不住热泪盈眶，眼泪一直往下掉，这种要分离的感觉好像马上就会发生，妈妈在内心深处当然是不舍的，但同时又是喜悦的，因为没有什么比看着自己的孩子健康成长，从嗷嗷待哺到独立生活来得幸福，所以爸爸与妈妈掉的也是幸福的泪水。我问身旁的爸爸："你还有什么要对女儿说的吗？你说我写。"爸爸说："没有，不想给女儿造成负担，你也不要说太多，以免女儿有压力。"好吧，也许这就是父爱，所以我也不啰唆下去了，怕你出来看到泪流满脸的妈妈。

祝你：

永远健康、永远幸福！

爱你的爸爸妈妈

2020 年 8 月 28 日